**EMAGREÇA NATURALMENTE
COM A DIETA DA LUA**

Franziska von Au

Tradução
DANTE PIGNATARI

EMAGREÇA NATURALMENTE COM A DIETA DA LUA

Alimentação Saudável em Consonância com os Ritmos da Natureza

Editora Pensamento
São Paulo

Título do original: *Natürlich abnehmen mit der Monddiät.*

Copyright © 2000 Econ Ullstein List Verlag, GmbH & Co. KG.

Todos os direitos reservados. Nenhuma parte deste livro pode ser reproduzida ou usada de qualquer forma ou por qualquer meio, eletrônico ou mecânico, inclusive fotocópias, gravações ou sistema de armazenamento em banco de dados, sem permissão por escrito, exceto nos casos de trechos curtos citados em resenhas críticas ou artigos de revistas.

O primeiro número à esquerda indica a edição, ou reedição, desta obra. A primeira dezena à direita indica o ano em que esta edição, ou reedição, foi publicada.

Edição	Ano
1-2-3-4-5-6-7-8-9-10	02-03-04-05-06-07-08-09

Direitos de tradução para o Brasil
adquiridos com exclusividade pela
EDITORA PENSAMENTO-CULTRIX LTDA.
Rua Dr. Mário Vicente, 368 — 04270-000 — São Paulo, SP
Fone: 272-1399 — Fax: 272-4770
E-mail: pensamento@cultrix.com.br
http://www.pensamento-cultrix.com.br
que se reserva a propriedade literária desta tradução.

Impresso em nossas oficinas gráficas.

Sumário

- 7 **Prefácio**
- 9 **As Fases da Lua e a Alimentação**
- 11 **A Lua e o Corpo Humano**
- 11 O Ritmo da Lua
- 16 A Lua e as Regiões do Corpo
- 18 **A Lua e a Alimentação Correta**
- 18 A Pirâmide da Alimentação
- 18 A Lua, os Signos do Zodíaco e a Qualidade dos Alimentos
- 23 **Emagrecimento Bem-sucedido**
- 23 A Fórmula Broca e o Body-Mass-Index
- 25 Dieta Drástica ou Emagrecimento Lento?
- 26 Fundamentos e Dicas
- 33 **Receitas — Cozinhe com a Lua**
- 33 A Lua em Áries
  Receitas de "Picadinho Indiano de Peru com Terrina de Arroz" a "Torta de Salsinha e Verduras"
- 40 A Lua em Touro
  Receitas de "Ovos Mexidos Verdes" a "Salada Zebra"
- 48 A Lua em Gêmeos
  Receitas de "Leite de Nozes" a "Tiras de Filé ao Molho de Creme e Mostarda"
- 56 A Lua em Câncer
  Receitas de "Pasta de Berinjelas" a "Hambúrguer de Trigo com Salada de Folhas"

Filé ao Molho de Mostarda – um clássico.

64   **A Lua em Leão**
Receitas de "Frapê de Damasco" a
"Framboesas Flambadas com Sorvete de Baunilha"

72   **A Lua em Virgem**
Receitas de "Drinque de Gengibre" a "Bolo de Cebola"

80   **A Lua em Libra**
Receitas de "Salada Italiana de Macarrão" a
"Nhoques de Papoula"

88   **A Lua em Escorpião**
Receitas de "Sopa de Agrião" a "Arenques Marinados"

96   **A Lua em Sagitário**
Receitas de "Cozido de Tofu" a "Salada de Brotos de Feijão"

104   **A Lua em Capricórnio**
Receitas de "Sopa de Salsão Itália" a
"Sopa de Cebola Gratinada"

112   **A Lua em Aquário**
Receitas de "Drinque de Iogurte e Coco" a
"Drinque Caribenho"

120   **A Lua em Peixes**
Receitas de "Nhoques com
Cogumelos e Mussarela" a
"Cozido Russo de Repolho"

127   Lua Nova e Lua Cheia até 2007

129   Sobre este livro

Sabor primaveril com queijo temperado: Sopa de Agrião.

A banana frita traz felicidade aos que gostam de doces.

Prefácio

Quem vive em harmonia com a natureza sabe: a Lua desempenha um papel importante em nossa vida. O satélite da Terra exerce influência não só sobre as marés e, com isso, sobre a vida de todo o planeta, mas também sobre aquilo que nos afeta muito pessoalmente: nossa saúde, nossa alimentação — e, assim, também sobre o emagrecimento e a dieta. Você está com alguns quilos a mais nos quadris? Se você já tem experiência com emagrecimento, deve saber: dietas drásticas não adiantam. Com elas, seu peso diminui rapidamente, mas infelizmente volta a subir com a mesma velocidade, como um ioiô. Portanto, não é de admirar que você finalmente procure uma forma de se alimentar com a qual emagreça — e isso de maneira saudável! — e que lhe pareça natural e equilibrada. E que naturalmente dê resultado a longo prazo! É claro que você sabe: não vai se livrar em poucas semanas daquilo que "incorporou" comendo nos últimos anos, talvez até mesmo décadas. Mas você pode ter certeza: quem se aproxima do objetivo aos poucos obtém um êxito mais seguro e mais duradouro. Para isso, guie-se pela Lua — ela o ajudará! E isso sem tabelas de calorias ou sem receitas especiais, que são difíceis de preparar e para as quais você precisa de ingredientes especiais que não podem ser encontrados em qualquer lugar. O melhor da alimentação regida pela Lua:

O mais importante em todo emagrecimento: você deve se sentir bem com o seu peso. Portanto, não emagreça porque quer imitar algum ideal de beleza.

- Você não precisa privar-se de nada.
- Você não precisa renunciar a nada.
- Além disso, você começará a alimentar-se de maneira naturalmente equilibrada.

Esse é todo o segredo. E não é nem um pouco difícil! Você vai perceber logo que na época da Lua minguante você automaticamente come menos. E isso já é uma vitória!

- Você está vivendo no ritmo correto e em harmonia com a natureza e com a Lua.
- Você aprendeu a ouvir o seu corpo e as suas necessidades.
- Você diferencia com precisão se está realmente sentindo fome ou só tem o "desejo" ou apetite de comer ou beber alguma coisa. A cada mês, você emagrecerá cerca de dois quilos — essa é uma regra saudável, que deveria se esforçar por seguir. Caso você seja jovem e muito saudável, pode chegar a perder até quatro quilos por mês. Caso, ao contrário, você seja um pouco mais velho e não tão estável no que se refere à saúde, atingirá de 500 gramas a um quilo de perda de peso mensal.

De qualquer maneira, uma coisa você já pode notar desde já: você precisa sempre da fase de Lua nova para dias contados de dieta. Mas se planeja uma orientação alimentar a longo prazo, deveria utilizar a época da Lua minguante e também os dias que se seguem à Lua cheia. Portanto, basta dar uma olhada no céu (ou no calendário lunar) e você saberá a que se ater:

- Se você deve se conter um pouco ao comer — nas duas semanas durante as quais o crescente lunar está presente no céu noturno.
- Ou se você pode "se permitir" um pouco mais — na fase da Lua minguante.

Em qualquer caso, eu desejo a vocês muito sucesso!

Franziska von Au

As Fases da Lua e a Alimentação

● Os impulsos da **LUA NOVA** aumentam a capacidade de desintoxicação e purificação do organismo. Em nenhuma outra época a eficácia de um período de jejum é tão elevada. A época da Lua nova é favorável para abandonar hábitos nocivos tais como o tabagismo ou o consumo excessivo de álcool.

☾ Na época da **LUA CRESCENTE**, o organismo pode absorver e aproveitar especialmente bem tudo o que recebe de energético, reconstituinte e curativo. Além disso, os nutrientes também são mais bem absorvidos e transformados. Por essa razão, todo aquele que precisa controlar seu peso deveria ser mais contido com a comida nessa época.

○ Na **LUA CHEIA**, o organismo reage freqüentemente com inquietação e nervosismo às fortes energias que se irradiam da acompanhante de nossa Terra nesta fase. Isso atua também sobre o metabolismo e a digestão, de maneira que muitas vezes surgem fadigas nessa época. Pessoas sensíveis deveriam cuidar do planejamento de suas refeições.

☽ Quando a época é de **LUA MINGUANTE**, o organismo está em excelente forma. Tudo o que não lhe é adequado ou até mesmo que o prejudica será excretado ou exsudado. Quem jejua durante esta fase pode obter bons resultados; mas também quem se serve bem à mesa não precisa ter medo de perder a linha.

A Lua e o Corpo Humano

O Ritmo da Lua

A Lua dá uma volta completa em torno da Terra em um espaço de tempo de cerca de quatro semanas. Esse chamado mês sideral dura exatamente 27 dias, 7 horas, 43 minutos e 11,5 segundos. Em cada fase desse percurso, a Lua exerce um efeito diferente sobre as pessoas e a natureza. Ao longo do mês sideral, o satélite da Terra passa por todos os doze signos do zodíaco. Ele "fica" cerca de dois dias e meio em cada um — e isso também nos influencia de maneira diferenciada. A tabela abaixo mostra a um simples olhar em qual mês a Lua crescente ou minguante está em um determinado signo do zodíaco.

A influência da Lua determina toda a nossa vida.

Signo	Lua crescente	Lua minguante
Áries	Outubro — Abril	Abril — Outubro
Touro	Novembro — Maio	Maio — Novembro
Gêmeos	Dezembro — Junho	Junho — Dezembro
Câncer	Janeiro — Julho	Julho — Janeiro
Leão	Fevereiro — Agosto	Agosto — Fevereiro
Virgem	Março — Setembro	Setembro — Março
Libra	Abril — Outubro	Outubro — Abril
Escorpião	Maio — Novembro	Novembro — Maio
Sagitário	Junho — Dezembro	Dezembro — Junho
Capricórnio	Julho — Janeiro	Janeiro — Julho
Aquário	Agosto — Fevereiro	Fevereiro — Agosto
Peixes	Setembro — Março	Março — Setembro

Ao longo de um mês, a Lua percorre todos os doze signos do zodíaco. Não há nenhum signo "bom" ou "ruim", eles simplesmente exercem influências diferentes sobre a Lua e, com isso, sobre a vida terrestre. Quem as conhece, pode facilmente emagrecer e sentir-se bem em consonância com a Lua.

As Fases da Lua

O ciclo ao longo do qual a Lua se mostra para nós em suas quatro fases diferentes é dividido da seguinte maneira:

- O primeiro quarto vai da Lua nova até a Lua crescente.
- O segundo dura da Lua crescente até a Lua cheia.
- O terceiro quarto se estende da Lua cheia até a Lua minguante.
- E o quarto vai da Lua minguante até a Lua nova.

Cada quarto dura portanto cerca de 7 dias. Além disso, o início e o ponto máximo do ciclo lunar — a Lua nova e a Lua cheia, portanto — ocupam uma posição especial. A eles vem sendo atribuído um significado especial desde o início da observação do firmamento. As quatro fases da Lua podem, então, ser interpretadas da seguinte maneira:

- Final da Lua nova — Início ou geração
- Lua crescente — Nascimento e crescimento
- Lua cheia — Amadurecimento pleno
- Lua minguante — Definhamento e morte
- Início da Lua nova — a morte.

A Lua exerce uma grande influência em nossa vida — também na alimentação e na saúde.

O renascimento é então simbolizado pelo estreito crescente da Lua que emerge novamente.

A Lua e o Organismo

Para o nosso organismo, isso tem o seguinte significado:

Na Lua nova, tudo o que tem a ver com um novo começo é favorecido. Jejuar nesta fase é especialmente proveitoso, pois à Lua nova se atribui um redobrado poder curativo.

Na Lua crescente, seu corpo assimila melhor tudo o que você lhe ministra: nesta fase, podem-se armazenar força e energia.

A Lua e o Corpo Humano

Na Lua cheia, as energias misteriosas se transformam em seu contrário: em lugar de absorver, restituir.

Da Lua minguante, diz-se que ela tem "qualidades restitutivas". Essa fase é especialmente apropriada para o emagrecimento.

A Lua e o Apetite

Você certamente já passou por isto: há momentos em que se tem um desejo louco de comer algo doce, em outro dia é uma grande travessa de salada. Mas não é somente o apetite que está relacionado com a Lua, e sim a questão de se uma refeição é apropriada ou não para nós.

• Na Lua crescente, tem-se facilmente a sensação de estar satisfeito.

• Na Lua minguante, tolera-se melhor as coisas que fazem "inchar".

A regra básica também é válida para o nosso corpo:

• Na Lua crescente, engordamos um pouco — mesmo que continuemos nos alimentando normalmente.

• Na Lua minguante, ao contrário, podemos conservar nosso peso mesmo que não tomemos muito cuidado com os "engordativos".

A Lua e os Hábitos Alimentares

Adapte seus hábitos alimentares às fases da Lua:

• A Lua nova é o momento correto para se iniciar uma dieta ou mudar para uma outra maneira de se alimentar. Nesse período será muito mais fácil para você se conter: o organismo é aliviado, pode armazenar novas forças — e isso traz resultados positivos para o planejamento da sua dieta.

• Durante a Lua crescente, você deve tomar um pouco mais de cuidado para não se regalar com comes e bebes. Seja moderado nesses dias e não ultrapasse os limites!

Basta observar o céu noturno (ou o calendário lunar): para uma dieta de alguns dias utilize sempre a Lua nova. Caso planeje uma mudança de alimentação a longo prazo, comece na época da Lua minguante, portanto, nos primeiros dias que sucedem a Lua cheia.

- A Lua cheia é um ponto de transição: você mantém sua linha esbelta ou a atinge mais rapidamente se não "fraquejar" nos dois dias que precedem a Lua cheia e também nesse mesmo dia.
- A Lua minguante favorece seus planos para a obtenção de uma silhueta esbelta. Mesmo que você coma demais uma ou outra vez ou apele para o chocolate e o creme, nesta fase da Lua, as calorias não irão se depositar diretamente em seu abdômen e em seus quadris.

Para começar, pode ser suficiente que você se guie pela Lua crescente e/ou minguante. Mas igualmente importantes são os signos do zodíaco pelos quais a Lua passa em seu trajeto.

A Lua nos Signos do Zodíaco

Juntamente com cada fase da Lua, os doze signos do zodíaco, pelos quais a Lua passa ao longo do mês, exercem influências totalmente diferentes.

Uma vez por mês, a Lua passa por todos os signos zodiacais, que exercem influências totalmente diferentes sobre seus impulsos e sobre a vida terrestre. A distância entre duas Luas novas é chamada de mês sinódico, e o espaço de tempo é de exatamente 29 dias, 12

No escuro céu noturno, podem-se reconhecer os diferentes signos zodiacais. Aqui: Sagitário.

horas, 44 minutos e 2,9 segundos. A cada signo do zodíaco, correspondem cerca de dois dias e meio. Mas seria errado acreditar que se pode simplesmente dividir os signos zodiacais em "bons" ou "ruins" para o êxito de uma dieta. Os astrólogos não reconhecem nenhuma diferença qualitativa na atuação dos signos do zodíaco; todos têm suas vantagens e desvantagens. Pode-se unicamente reconhecer quando um determinado signo atua positiva ou negativamente sobre uma pessoa determinada. Quando você sabe quais signos são mais ou menos apropriados para determinadas atividades, você pode se ajustar. Uma consulta ao calendário lunar poderia talvez mostrar-lhe: já é Lua crescente, além disso o satélite da Terra ainda está em um signo do zodíaco cuja influência sobre a qualidade da alimentação (ver o capítulo "A Lua e a alimentação correta") é exatamente oposta àquilo que você quer conseguir.

Cada signo do zodíaco influencia diferentes partes do corpo.

A Lua e as Regiões do Corpo

O grego Hipócrates (nasc. cerca de 460 a.C., morto cerca de 377 a.C.) é considerado hoje o maior médico da Antigüidade. Ele nos legou não apenas o "juramento" que leva seu nome, e que até na nossa época todos os médicos deveriam prestar e pelo qual todos os profissionais da medicina se comprometeriam a manter a vida humana incondicionalmente. Hipócrates também impôs uma regra importante que infelizmente caiu no esquecimento; somente nos últimos anos, quando as artes de cura populares foram redescobertas, é que suas convicções relativas à influência do cosmos sobre a vida terrestre voltaram a ser honradas. O "pai da medicina" tinha certeza de que a saúde de um paciente também dependia dos astros e sobretudo da Lua. Suas prescrições medicinais, que podem ser encontradas no "Corpus Hippocratium", uma coleção de escritos da ciência médica da Antigüidade, constataram entre outras coisas: "Não toque com ferro uma parte do corpo que seja regida por um signo pelo qual a Lua esteja justamente passando."

> A regra da Lua de Hipócrates diz: "Não se pode operar nenhuma parte do corpo que seja regida por um signo do zodíaco pelo qual a Lua esteja passando naquele momento."

Os Signos do Zodíaco e o Corpo

Segundo a medicina astrológica, as pessoas e o cosmos estão indissoluvelmente unidos. As pessoas de fato dependem do aparente percurso anual do Sol sobre a Terra. O ano astrológico começa sempre com o 21 de março, o primeiro momento do ano em que o dia e a noite têm a mesma duração e o Sol aparentemente entra no signo de Áries. Depois, ele "percorre" os outros onze signos do zodíaco. Seguindo essa lei cósmica, o homem também divide seu corpo em doze regiões. O Sol "nasce" em Áries — portanto, a cabeça, com a qual normalmente uma pessoa vê a luz do mundo

A Lua e o Corpo Humano

quando nasce, foi igualmente atribuída a Áries. A divisão e atribuição integral das regiões do corpo são como segue:

- À influência de Áries estão submetidos a cabeça, a visão, o cérebro e os olhos.
- Touro rege o pescoço, laringe e amígdalas, bem como os ouvidos, os dentes e as maxilas.
- Gêmeos é o signo que corresponde aos ombros, braços e mãos, mas também aos brônquios e à glândula timo.
- Câncer influencia o peito, os pulmões e também o estômago, o fígado e a vesícula.
- Leão rege o coração e a principal artéria do corpo, a aorta, bem como as costas e a coluna vertebral.
- A Virgem são atribuídos os intestinos grosso e delgado, o pâncreas, o baço e os nervos.
- Libra exerce influência sobre os rins, a bexiga, a área dos quadris e também o sentido de equilíbrio.
- A Escorpião estão submetidos os órgãos sexuais e as vias urinárias.
- Sagitário é o signo do zodíaco "responsável" pelas coxas e veias.
- A influência de Capricórnio atua sobre os ossos, articulações (sobretudo os joelhos) e a pele.
- Aquário atua sobre as panturrilhas e as veias dessa região.
- A Peixes correspondem os pés e os dedos dos pés. É válido em geral para este signo: sua influência se dá por todo o corpo, na medida em que ele tem a ver com os líquidos.

A medicina astrológica estabelece com precisão quais partes do corpo são atribuídas a cada signo.

A Lua e a Alimentação Correta

Vida saudável, vitalidade.

A Pirâmide da Alimentação

O princípio fundamental de uma alimentação saudável consiste simplesmente em fazer uma boa escolha a partir da oferta de alimentos disponíveis. Isso parece muito fácil, você não acha? É também simples, pelo menos quando você conhece algumas — umas poucas! — regras a respeito. Como recurso para tal, podemos usar a pirâmide da alimentação: ela é recomendada pelo Ministério da Agricultura norte-americano e consiste de quatro degraus. Quanto mais alta é a pirâmide, menos você deveria consumir os alimentos ali assinalados.

Como regra básica, você deveria notar: a maior parte das suas refeições diárias deveria ser composta a partir dos degraus um e dois. A segunda regra: a variedade é importante! Pois cada alimento é diferentemente constituído de nutrientes e elementos inutilizáveis. Alguns tipos de verdura e fruta, por exemplo, fornecem muita vitamina A e C, enquanto outros contêm muito ácido fólico, cálcio ou ferro.

A Lua e a Alimentação Correta

- A base da pirâmide está constituída de alimentos fundamentais. Dela fazem parte o pão, os cereais, o arroz e o macarrão. Todos eles são constituídos de carboidratos complexos.
- O segundo degrau da pirâmide está dividido em dois campos de igual tamanho: um para as frutas, outro para as verduras. Esses alimentos também contêm carboidratos simples e complexos.
- O terceiro degrau divide-se entre os fornecedores de proteína animal e vegetal. Somente se deveria comer quantidades pequenas de ambos os grupos, porque eles são ricos em colesterol e gorduras saturadas.
- No topo da pirâmide estão as gorduras, óleos e doces. Esses alimentos contêm poucos nutrientes e, por esta razão, somente deveriam aparecer no seu plano de refeições muito raramente e em muito pouca quantidade.

A Lua, os Signos do Zodíaco e a Qualidade dos Alimentos

Nossos antepassados estavam firmemente convencidos de que a Lua influenciava em grande medida sua vida — quase tudo era atribuído a ela e seu percurso no firmamento. Mês a mês, seu trajeto passava pelos doze signos estelares, cujos diferentes impulsos se comunicavam com a natureza e com as pessoas através dos quatro elementos primordiais, tais como os antigos gregos já sabiam.

Os Dias de Terra

Ao elemento terra pertencem os signos zodiacais de Touro, Virgem e Capricórnio. Durante os dias em que a Lua está neles, eles in-

Você sofre de hipertensão arterial e precisa fazer uma dieta com pouco sal? Então tome especial cuidado! Sobretudo nos dias de terra, você deveria evitar refeições muito salgadas e também o bacon e os pepinos em conserva.

> Quem tem a sensação de que às vezes suas glândulas não estão funcionando muito bem deveria ter cuidado nos dias de ar. Basta você mudar um pouco sua alimentação – você não precisa renunciar a nada por causa disso, mas simplesmente "permitir-se" seus pratos favoritos em um outro dia.

fluenciam, nas plantas, a região das raízes, e nas pessoas, a circulação sangüínea.

Os Dias de Água

Ao elemento água atribuem-se os signos de Câncer, Escorpião e Peixes. Nos dias em que a Lua neles se encontra, eles influenciam, nas plantas, o âmbito das folhas, e nas pessoas, o sistema nervoso.

Os Dias de Ar

Ao elemento ar são atribuídos os signos zodiacais de Gêmeos, Libra e Aquário. Nos dias em que a Lua passa por eles, esses signos influenciam, nas plantas, o âmbito dos botões, e nas pessoas, o sistema glandular.

Os Dias de Fogo

Ao elemento fogo pertencem os signos de Áries, Leão e Sagitário. Nos dias em que a Lua está neles, os signos de fogo influenciam, nas plantas, o âmbito das frutas, e nas pessoas, os órgãos dos sentidos.

O Efeito sobre o Organismo

Sal

Nos dias de terra, os impulsos da Lua, que está em Touro, Virgem ou Capricórnio, influenciam a qualidade salina. Sobretudo para a alimentação sangüínea, o sal é muito importante, e seu efeito, muito favorável. Caso, por razões de saúde, por exemplo hipertensão arterial, tenha-se de comer sem sal, nesses dias se deveria tomar cuidado, pois mesmo uma pequena quantidade já pode ter efeitos negativos.

Carboidratos

Nos dias de água, o efeito da Lua, que está em Câncer, Escorpião ou Peixes, determina uma qualidade especial dos carboidratos. Es-

A Lua e a Alimentação Correta

tes são com freqüência considerados "alimentos dos nervos" e são absolutamente necessários. Entretanto, caso se sofra de problemas metabólicos e se queira emagrecer, seria preciso consumi-los com moderação nesses dias, pois a alimentação rica em carboidratos engorda mais nesse período.

Gorduras

Nos dias de ar, a Lua, que está justamente passando pelos signos de Gêmeos, Libra ou Aquário, exerce sua influência sobre as gorduras e os óleos. Estes abastecem sobretudo o sistema glandular das pessoas. Nesses dias, por exemplo, pode-se obter consideravelmente mais azeite de oliva, e nosso corpo também se comporta de maneira correspondente: ele explora as gorduras e óleos de outra maneira, pode processá-los melhor. Mas seria indicado que aqueles que fundamentalmente não se dão bem com gorduras evitassem alimentos ricos em gorduras nesses dias.

Proteína

Nos dias de fogo, os impulsos da Lua, que está percorrendo Áries, Leão ou Sagitário, condicionam a qualidade das proteínas. Nosso corpo pode agora explorar e processar melhor todas as proteínas que lhe são ministradas. Isso auxilia na reconstituição celular, fortalecendo as energias físicas e mentais. Mas quem normalmente tem uma digestão difícil deveria ser muito cuidadoso nesses dias, pois um excesso de proteína pode causar problemas específicos.

Nutrientes Individuais

Juntamente com esse panorama geral de qual grupo de nutrientes é atribuído a qual signo do zodíaco, você encontrará uma relação detalhada dos nutrientes nas páginas 9 e 127 e também no início de cada capítulo de receitas, nas notas à margem.

Emagreça Naturalmente com a Dieta da Lua

Recomenda-se manter um caderno durante alguns meses: anote aquilo que lhe apetece especialmente e lhe faz bem. Você descobrirá que com freqüência isso corresponde justamente aos contextos descritos. Então, certamente não mais acontecerá de um prato ou um nutriente não lhe cair bem. Naturalmente, o efeito dos nutrientes individuais não é igual para todas as pessoas: você deverá descobrir por si mesmo como seu corpo "aceita" ou "rejeita" os alimentos individuais.

Elemento	Signo	Dia	Alimento	Parte da planta
Fogo	Áries Leão Sagitário	Dia de fogo	Proteína	Fruta
Água	Câncer Escorpião Peixes	Dia de água	Carboidratos	Folha
Terra	Touro Virgem Capricórnio	Dia de terra	Sal	Raiz
Ar	Gêmeos Libra Aquário	Dia de ar	Gordura	Botão

Emagrecimento Bem-Sucedido

A Fórmula Broca e o Body-Mass-Index

A balança mostra: peso normal, sobrepeso, ou abaixo do normal.

Os nutricionistas sabem: as dietas engordam. Quem todos os anos reincide em dietas novas e drásticas, que prometem fazer perder "dois quilos por semana!", conhece essa brincadeira de mau gosto: alguns quilogramas desaparecem, mas logo estão lá de novo, assim que se volta a comer "normalmente". Você mesmo certamente já experimentou esse efeito ioiô em seu próprio corpo.

A Fórmula Broca

Há alguns anos surgiu um cálculo muito simples para se estabelecer o peso normal — a fórmula Broca. Segundo ela, o peso normal é calculado da seguinte maneira:

Altura (em centímetros) menos 100 = peso normal em quilogramas. Para obter o peso ideal, subtrai-se 10% para os homens e 15% para as mulheres. Um homem de 1,75 m (175 cm de altura), portanto, poderia então pesar 75 quilos (peso normal): o peso ideal estaria, no entanto, por volta de apenas 67,5 quilos. Naturalmente, a fórmula Broca não é errada — como indicador grosseiro, ela continua sendo útil. Entretanto, o resultado das pesquisas foram: nos cálculos da fórmula Broca, pessoas baixas eram freqüentemente consideradas acima do peso, enquanto pessoas altas raramente o eram.

A fórmula Broca ficou obsoleta e agora somente é usada como um indicador grosseiro do peso correto. O BMI é melhor e mais preciso.

Body-Mass-Index

Hoje, o peso é calculado de acordo com outro método. À primeira vista ele parece complicado, mas ele absolutamente não o é. O Body-Mass-Index (BMI) estabelece outra relação entre a altura e o peso.

A fórmula do BMI é:

$$\frac{\text{Peso do corpo em quilos}}{\text{Altura em m}^2} = \text{número BMI}$$

Exemplo:

Você é mulher e pesa 62 quilos com uma altura de 1,59m. Seu valor BMI é calculado, portanto, dividindo-se 62 por 1,59 ao quadrado. O resultado é 62:2,5281 = 24,52.

Portanto, de acordo com a tabela BMI você ainda está na faixa de peso normal, pois conclui-se que, para mulheres, um valor BMI entre 19 e 24 é desejável, enquanto para os homens o valor deveria estar entre 20 e 25.

	Homens	Mulheres
Abaixo do peso	< 20	< 19
Peso normal	20-25	19-24
Acima do peso	25-30	24-30
Obeso/Hipertrofia do tecido adiposo	30-40	30-40
Obesidade extrema	> 40	> 40

O Peso do Bem-estar

Os médicos e nutricionistas cada vez mais tomam consciência de que não é preciso e até mesmo não se deve ser escravo dos valores recomendados pela tabela como peso normal ou ideal. Com o BMI, já se tem uma margem de manobra relativamente maior para a faixa do peso "correto". O importante, no entanto, é que você deve sentir-se bem no seu corpo. Pode até ser que haja lá um ou até mesmo dois quilos a mais do que o "prescrito" como peso normal ou ideal.

A verdade é que você não precisa seguir uma dieta estrita para emagrecer de maneira saudável. Basta alimentar-se de maneira razoável e equilibrada (veja o capítulo "A Lua e a Alimentação Correta"). Quem faz a escolha correta a partir da abundante oferta de alimentos e, por exemplo, compra e come de acordo com a pirâmide de alimentação, dificilmente agirá de modo errado.

> Nós nos alimentamos de maneira menos equilibrada que nossos antepassados. Demasiada gordura, demasiado açúcar e também demasiada proteína mostram inequivocamente seu efeito na balança e nos fazem adoecer.

Dieta Drástica ou Emagrecimento Lento?

O Caminho Correto

Você certamente já sabe: segundo a idade e a compleição física, você deveria emagrecer de 500 gramas a no máximo quatro quilos por mês. Mais que isso é uma carga demasiado grande para o seu corpo. Abandone a idéia de que você precisa ter a silhueta de uma *topmodel* para ser feliz. É melhor partir do princípio de ir se aproximando, pouco a pouco mas de forma segura, de um peso com o qual você se sinta bem, e permanecer nele. Com a Dieta da Lua, você irá perdendo peso pouco a pouco — e de maneira agradável:

- Sem precisar se castigar.
- Sem fazer jejum e passar fome.
- Sem precisar consultar tabelas de calorias o tempo todo.
- Sem precisar calcular calorias ou *joules* a cada refeição. Basta alimentar-se de maneira equilibrada — isto é, consumir alimentos saudáveis.

> Atenha-se à pirâmide da alimentação e opte principalmente por frutas e verduras. As nozes são verdadeiros "pacotes de energia" e, por essa razão, ideais para uma "boquinha" entre as refeições.

Quanto Emagrecer em Quanto Tempo?

A regra saudável é: dois quilos por mês. Quem é jovem ou está em excelente forma e é saudável pode emagrecer quatro quilos por mês — um quilo por semana, portanto. Quem, ao contrário, já tem um pouco mais de idade ou não tem a saúde tão estável deveria buscar perder peso de forma ainda mais lenta: 500 ou 1.000 gramas por mês são suficientes. O peso que você ganhou em curto prazo, em um "fim de semana de comilança" ou durante as férias, também pode ser perdido mais rapidamente: com um dia da semana comendo só frutas ou de dois a três dias de cura pelas uvas. Reaprenda a ouvir o seu corpo. Diferencie a sensação real de fome da "vontade de comer isto ou aquilo".

Fundamentos e Dicas

O Momento Correto para Começar

Mesmo com uma dieta zero, ou seja, quando você não come nada, apenas tomando muita água mineral e chá de ervas, você emagrece no máximo três quilos por semana. Mas tudo isso é água, pois o tecido gorduroso simplesmente precisa de mais tempo para ser reduzido. Com o tempo, o corpo recorre cada vez mais às suas "rações de reserva".

O dia ideal para sua decisão de fazer algo de bom por sua silhueta é o início de um ciclo lunar — na época da Lua nova, portanto. Você deve tomar a decisão agora, e então o satélite da Terra o ajudará em seus propósitos. Para nós, a dieta e o emagrecimento são a conseqüência lógica de nossa consonância com a natureza. A força de determinação é especialmente elevada nesse período — justamente para manter uma dieta. O melhor é você começar com uns dois dias de frutas ou de jejum. Quem interrompe o excesso de alimento ingerido agora alivia o corpo e armazena novas energias.

Emagrecimento Bem-Sucedido

Sucos puros e naturais e chás ajudam a desintoxicar o corpo.

Consumir Bastante Líquido

Você certamente sabe por inúmeras outras dietas: beber muito líquido ajuda nosso organismo a emagrecer. Isso não é diferente na Dieta da Lua. A regra fundamental desta dieta é: tomar de dois a dois e meio litros de líquido por dia! Ao emagrecer, o corpo recorre às reservas, ou seja, às gorduras do próprio corpo. Os rins, sobretudo, trabalham agora a todo vapor. Quanto mais líquido se ingere (água mineral, chá, suco de fruta diluído), mais fácil fica o trabalho pesado dos órgãos excretores.

Movimentar-se Bastante

Movimentar-se faz bem: você deveria dedicar a isso alguns minutos, melhor ainda, uns quinze minutos por dia, mesmo que arque com a dupla carga da vida familiar e profissional. A melhor hora — mesmo que você seja daqueles que estão "imprestáveis" pela manhã — é lo-

Tome a decisão de emagrecer na Lua nova, e então preste especial atenção na fase da Lua crescente – quando se ganha peso com facilidade. É somente na fase minguante da Lua que o corpo se desintoxica com facilidade.

O exercício físico não só mantém em forma mas também ajuda o organismo a emagrecer.

go ao levantar-se. Faça alguns exercícios junto a uma janela aberta, ao ar fresco, portanto. Se o esporte matutino não é o seu forte, procure então uma outra possibilidade de atividade física: subir pela escada em vez de tomar o elevador, deixar o carro em casa um pouco mais, dar umas voltas de bicicleta, ir à piscina uma vez por semana.

Dicas Úteis

Antes de falar de cozinha, ou seja, antes de partir para as receitas, eu gostaria de dar-lhe algumas dicas de como o emagrecimento pode ficar mais fácil para você:

- Jamais coma com pressa! Pois nosso estômago "pensa" devagar: somente após cerca de quinze minutos é que ele avisa o cérebro de que está satisfeito. Quem não come com vagar, em quinze minutos já devorou uma grande refeição.

Emagrecimento Bem-Sucedido

- Mastigue tudo muito bem! Dessa maneira, fica-se satisfeito antes e saboreia-se mais a comida. Além disso, o estômago tem menos trabalho.
- Nunca coma de maneira "automática": porque agora é a hora do almoço, porque lhe está sendo oferecido. Coma de maneira totalmente consciente e somente quando sentir fome — e não apetite!
- Deixe restos no prato quando a sua fome estiver satisfeita. Não é nenhuma vergonha, e além disso você já não é mais uma criança que, como antes, tinha de "limpar o prato".
- Pese-se regularmente — por exemplo, uma vez por semana. Utilize sempre a mesma balança, pese-se à mesma hora (de preferência pela manhã, antes do café) e despido.
- O emagrecimento começa na cabeça! Quando você tomar a decisão com seriedade, não será difícil. Sobretudo se seguir esta regra: começar na Lua nova!
- Jamais vá às compras com fome e planeje o que comprar! Assim, você pode aproveitar as ofertas e pechinchas da estação apesar da dieta. Agora você tem uma norma pela qual pode se orientar para servir-se bem e de forma consciente.
- Caso a fome ainda assim sobrevenha: dê preferência às frutas e verduras baixas em calorias.

A yoga, os exercícios de alongamento ou o treinamento autógeno também podem deixar você em forma. Talvez de maneira diversa dos esportes de rendimento, mas nem por isso menos eficaz.

EMAGREÇA NATURALMENTE COM A DIETA DA LUA

Receitas — Cozinhe com a Lua

Neste capítulo você encontra receitas e mais receitas, e isso para cada fase e cada posição da Lua no zodíaco.

Note bem: salvo indicação em contrário, as receitas sempre são calculadas para servir quatro porções.

Gêneros alimentícios saudáveis são a base da Dieta da Lua.

A Lua em Áries

Nos dias de Áries, você deveria pôr na mesa sobretudo pratos protéicos e frutas vermelhas, e também temperos picantes.

Você encontra exemplos de alimentos especialmente apropriados para os dias de Áries nas margens à esquerda e à direita.

Lua Nova em Áries ● ♈

Picadinho Indiano de Peru com Terrina de Arroz

Ingredientes

300 g de arroz integral • sal • 1 cenoura grande • 400 g de brócolis • 1 talo pequeno de salsão • 1/2 maço de salsinha • 2 ovos • pimenta • gordura para untar • 400 g de filé de peru • 2 maçãs • 1 cebola pequena • 1 dente de alho pequeno • 1 raiz pequena de gengibre • 2 colheres de chá de mel líquido • 2 colheres de chá de vinagre de vinho • 1/2 colher de chá de páprica em pó • 4 colheres

Alimentos para os Dias de Áries
Frutas • Verduras
Morango
Figo
Cereja
Ameixa
Mirtilo
Framboesa vermelha
Ginja
Limão
Grão-de-bico
Lentilha
Pimentão
Feijão vermelho
Fava
Tomate

33

Alimentos para os Dias de Áries
Carnes • Pescados
Carneiro
Coelho
Galinha
Vitela
Cordeiro
Ovelha
Cabra

Temperos • Sementes
Chili
Páprica picante
Pimenta
Tabasco

Outros
Leite
Coalhada
Iogurte
Queijo
Queijo fresco
Queijo de ovelha
Ovos

de sopa de caldo de galinha • 4 colheres de sopa de creme de leite • 4 tomates-cereja

Modo de preparar

1 Aqueça previamente o forno a 200°C. Cozinhe o arroz em água com sal. Raspe a cenoura e limpe os brócolis. Corte a cenoura em fatias, os brócolis em buquês. Lave o salsão e pique miúdo. Abrande as verduras em água fervente por 5 minutos. Lave a salsinha, seque e pique. **2** Separe as gemas das claras, misture o arroz com a gema, tempere com sal e pimenta e acrescente a salsinha. Forre uma fôrma retangular de cerca de 21 cm de comprimento com papel-manteiga untado. **3** Enforme as verduras e o arroz em camadas, terminando com o arroz. Cubra a terrina com papel-manteiga e coloque na bandeja do forno preaquecido, cheia de água. Deixe o arroz assar por cerca de 30 minutos. **4** Enquanto isso, corte os filés de peru em cubos. Lave as maçãs, corte-as em quatro, retire o centro com os caroços

O suculento picadinho de carne de peru, com aroma asiático.

e corte em fatias. Pique a cebola e o alho. Descasque o gengibre e corte em fatias finas. Ponha os cubos de peru e as fatias de maçã em uma tigela, salgue e apimente. Acrescente a cebola, o alho, o gengibre, o mel, o vinagre e a páprica e reparta em quatro folhas de papel-alumínio. Misture o caldo e o creme de leite e acrescente 2 colheres de sopa a cada porção. Feche bem as folhas e leve ao forno preaquecido por cerca de 30 minutos. **5** Desenforme a terrina de arroz, corte em fatias e sirva com o picadinho de peru.

Ca. de 540 kcal, 2270 kJ por porção

Bolinhos da Boêmia

Ingredientes

1 1/2 kg de batatas • 1 litro de leite desnatado morno • 1 pitada de açúcar • 20 g de fermento • 1 ovo • farinha • óleo para fritar • açúcar de confeiteiro para polvilhar

Modo de preparar

1 Descasque, rale e esprema bem as batatas. Reserve a água das batatas e volte a juntar às batatas a fécula que coagula. **2** Adoce um pouco o leite morno e dissolva nele o fermento. Misture todos os ingredientes até obter uma massa pastosa. Deixe a massa descansar por 30 minutos e coloque às colheradas em uma frigideira com óleo, fritando os bolinhos dos dois lados até dourar. Quando estiverem prontos, disponha-os ainda quentes em um prato e polvilhe com açúcar de confeiteiro pouco antes de servir.

Dica Os bolinhos ficam ainda mais gostosos quando pincelados com geléia de damasco ou de ameixa.

Ca. de 330 kcal, 1380 kJ por porção

Os bolinhos de massa frita são uma conhecida especialidade tcheca. Eles têm uma certa semelhança com os nossos bolinhos de chuva.

Emagreça Naturalmente com a Dieta da Lua

A aromática marinada tailandesa deixa o frango especialmente crocante (Receita na p. 37)

Lua Crescente em Áries ☾ ♈

Müsli com Iogurte

Ingredientes para 1 porção

150 g de frutas da estação de sua preferência • 150 g de iogurte desnatado • mel a gosto • 5 a 6 colheres de sopa de aveia em flocos

Modo de preparar

1 Limpe, lave e pique as frutas. Misture com o iogurte e acrescente o mel de acordo com a doçura das frutas. **2** Adicione os flocos de aveia e sirva imediatamente.

Ca. de 340 kcal, 1420 kJ por porção

Galeto Tailandês com Crosta Picante

Ingredientes

1 galeto grande (aproximadamente 1,2 kg) • sal • pimenta • 200 ml de vinho de ameixas • 100 ml de vinho de arroz • 100 ml de vinagre de arroz • 300 g de cebola • 200 g de cebolinha • 1 pimentão vermelho • 200 g de ameixas secas sem caroço • 2 ramos de tomilho • 1 colher de chá de cominho moído • 1 colher de chá de anis moído • 1/2 colher de chá de canela • 50 g de açúcar • 400 ml de vinho do Porto tinto • 1/2 colher de chá de curry • 1/2 colher de café de pimenta-de-caiena

Modo de preparar

1 Lave e seque o galeto, e tempere com sal e pimenta. 2 Para a marinada, ponha para ferver o vinho de ameixas, o vinho de arroz e o vinagre de arroz. Descasque as cebolas, limpe a cebolinha e o pimentão e corte-os em cubos ou em anéis finos. Corte as ameixas em pedaços pequenos, junte a cebola, a cebolinha, o pimentão, o tomilho e os demais temperos e deixe cozinhar. Verta sobre o galeto, deixe esfriar, cubra e deixe marinar por 24 horas. 3 Disponha o galeto com a marinada de verduras em uma assadeira e coloque no forno frio, na parte mais baixa. Acenda o forno, e aqueça-o a 200°C e deixe por 50 minutos. Vire uma vez. 4 Enquanto isso, leve o açúcar para caramelizar, mexendo sempre. Acrescente o vinho do Porto e, em fogo forte, deixe cozinhar até ficar espesso. Tempere com curry e pimenta-de-caiena. Unte o galeto, leve de volta ao forno por mais 20 minutos, untando várias vezes. Retire o galeto do molho e mantenha este aquecido. Eleve a temperatura do forno a 220°C, coloque o galeto em uma grelha sobre

a bandeja do forno, e deixe por outros 20 minutos, até estar dourado e crocante. Durante esse tempo, pincele-o muitas vezes com a calda de açúcar. Sirva com arroz.

Ca. de 740 kcal, 3100 kJ por porção

Lua Cheia em Áries ○ 🐛

Torta de Ovos com Peixe Defumado

Ingredientes

6 ovos • 125 g de creme de leite • 1 maço de aneto • sal • pimenta • 10 g de manteiga • 100 g de barbatanas de cação defumadas

As barbatanas de cação defumadas fornecem iodo, que é essencial à vida, mas infelizmente contêm também muita gordura — assim como muitos outros peixes defumados. Por essa razão, sua utilização deve ser "bem dosada".

Modo de preparar

1 Bata os ovos com o creme de leite e o aneto picado e tempere com sal e pimenta.   2 Derreta a manteiga em uma panela grande e junte os ovos batidos.   3 Corte as barbatanas em pedaços, coloque por cima e deixe a torta de ovos cozinhar em fogo lento.

Ca. de 300 kcal, 1270 kJ por porção

Lua Minguante em Áries ☽ 🐛

Torta de Salsinha e Verduras

Ingredientes para 6 porções

250 g de farinha • 125 g de manteiga • 4 ovos • 1 gema • 1 pitada de sal • farinha para trabalhar a massa • manteiga para untar • 500 g de cenouras • 500 g de ervilhas • 1 maço de salsinha lisa • 1 maço de salsinha crespa • 200 g de creme de leite fresco • noz-moscada • tabasco • pimenta • 100 g de queijo parmesão ralado

Modo de preparar

1 Aqueça previamente o forno a 200°C. Faça a massa com a farinha, a manteiga, 2 ovos, a gema e o sal e forme com ela uma bola. Deixe descansar na geladeira por uma hora.   **2** Abra a massa sobre uma superfície enfarinhada e coloque em uma fôrma de torta untada. Deixe uma borda em toda a volta com cerca de 3 cm de altura.   **3** Raspe as cenouras, corte em fatias e deixe cozinhar ligeiramente em água fervente com sal por 2 minutos. Escorra e deixe secar bem. Espalhe a cenoura, as ervilhas e a salsinha sobre a massa.   **4** Bata os 2 ovos restantes com o creme de leite fresco e a noz-moscada, tempere com tabasco, sal e pimenta e despeje sobre as verduras. Finalmente, polvilhe com o queijo ralado. Asse a torta de verduras por cerca de 60 minutos.

Dica A torta de salsinha e verduras é ótima opção para quando se tem de receber muitos convidados, pois pode ser preparada com antecedência e, mesmo fria, é bastante saborosa. O melhor então é preparar logo uma assadeira inteira. Para isso, utilize uma vez e meia a quantidade de ingredientes, mas o tempo para assar continua o mesmo.

Ca. de 645 kcal, 2700 kJ por porção

Graças a seu alto conteúdo de beta-caroteno, as crocantes cenouras são ótimas para nos pôr em forma naturalmente. Elas devem ser preparadas sempre com um pouquinho de gordura, para que o beta-caroteno também seja bem assimilado pelo organismo.

Uma torta de legumes picante agrada a toda a família.

A Lua em Touro

Nos dias de Touro, prepare sobretudo alimentos verdes e/ou salgados. Além disso, são recomendados todas as especiarias e temperos aromáticos. Você encontra exemplos de alimentos especialmente apropriados para os dias de Touro na margem desta página.

Alimentos para os Dias de Touro
• Verduras
Alho-poró
Cenoura
Beterraba
Chalota
Escorcioneira
Aspargo

• Temperos
Manjericão
Cominho
Noz-moscada
Cravo
Orégano
Páprica doce e picante
Alecrim
Sal
Cebolinha francesa
Canela

Lua Nova em Touro ● 🐂

Ovos Mexidos Verdes

Ingredientes

50 g de folhas de espinafre • 1 maço de salsinha lisa • 2-3 cebolinhas • 50 g de bacon • 8 ovos • 125 g de creme de leite • sal • pimenta

Modo de preparar

1 Escolha as folhas de espinafre e lave bem. Lave e seque a salsinha. Corte ambos em tiras finas. Lave a cebolinha e corte, em tubinhos. **2** Corte o bacon em cubos e toste em uma frigideira. Acrescente o espinafre, a salsinha e a cebolinha e refogue na gordura do bacon, mexendo sempre. **3** Bata os ovos e o creme, tempere com sal e pimenta e despeje na frigideira. Mexa cuidadosamente e deixe endurecer ligeiramente.

Ca. de 325 kcal, 1360 kJ por porção

Receitas – Cozinhe com a Lua

Clássico de Aspargos

Ingredientes

2 kg de aspargos • sal • 1 pitada de açúcar • 100 g de manteiga • 200 g de presunto cru • 200 g de presunto cozido

Modo de preparar

1 Corte os aspargos e descasque-os a partir da cabeça. Corte a extremidade dos talos. Ate os talos com barbante e cozinhe ligeiramente por 12 a 15 minutos em água fervente com sal e uma pitada de açúcar. Retire da fervura, seque bem e mantenha aquecido.
2 Derreta a manteiga em uma caçarola pequena. Disponha os aspargos com os dois tipos de presunto de forma decorativa em um prato preaquecido e despeje a manteiga derretida. Para acompanhar, batatas cozidas em água e sal.

Dica Um vinagrete também combina muito bem com os aspargos: misture e bata uma colher de chá de mostarda com duas colheres de sopa de vinagre, sal, pimenta e quatro colheres de sopa de óleo até ficar espesso. Acrescente então ao molho um ovo cozido picado, 2 colheres de sopa de cebola cortada em cubinhos e salsinha bem picada.

Ca. de 400 kcal, 1690 kJ por porção

Devido ao seu alto conteúdo de água, os aspargos são uma verdura especialmente pobre em calorias. Compre desde que seja época e eles provenham de cultivos nacionais. Graças a seu conteúdo de ácidos e de potássio, o aspargo age positivamente sobre o organismo e a saúde.

Lua Crescente em Touro ☾ ♉

Coquetel Saudável "Bloody Betty"

Ingredientes

250 ml de suco de beterraba • 250 ml de suco de laranja • 500 ml de suco de maçã • cubos de gelo • hortelã fresca ou canela em pó

Modo de preparar

Misture todos os sucos e despeje em quatro copos altos cheios de cubos de gelo. Acrescente folhas de hortelã picadas ou canela a gosto.

Ca. de 110 kcal, 460 kJ por porção

Bolinhos de Arroz com Coentro

Ingredientes

2 cebolas • 2 dentes de alho • 1 maço de coentro • 200 g de arroz cozido • 500 g de carne moída mista • 1 colher de sopa de mostarda picante • algumas gotas de molho Worcester • 1 colher de sopa de shoyu • 1 colher de sopa de curry em pó • 1 colher de sopa de raiz-forte ralada (fresca ou em conserva) • 1 ovo • sal • pimenta • óleo para refogar

Modo de preparar

1 Descasque as cebolas e o alho. Pique bem fino e refogue até ficar transparente.   2 Retire a cebola e o alho da frigideira e misture-os com o resto dos ingredientes em uma tigela. Tempere a carne picada com sal e pimenta.   3 Forme pequenos bolinhos com a massa e frite em pouco óleo de ambos os lados até ficarem crocantes.

Ca. de 400 kcal, 1670 kJ por porção

O coentro fresco é muito utilizado nas cozinhas asiática e sul-americana. Quem não gosta do sabor intenso, pode substituí-lo por salsinha lisa.

Lua Cheia em Touro

Drinque de Cacau "Alexander"

Ingredientes para 1 porção

40 ml de conhaque • 10 ml de creme de leite • 10 ml de licor de cacau • gelo moído

Modo de preparar

Misture bem todos os ingredientes em uma coqueteleira e coe em um copo de coquetel.

Ca. de 100 kcal, 430 kJ por porção

Requintado: servir o sorvete de maçã com canela em maçãs esvaziadas (receita na página 44)

Gratinado de Batatas e Alho-poró

Ingredientes

750 g de batatas cozidas com antecedência • manteiga para a fôrma • 150 g de alho-poró • sal marinho • 150 g de queijo fresco • 50 ml de leite desnatado • 1 ovo • pimenta • noz-moscada • 50 g de queijo Emmental ralado

Modo de preparar

1 Aqueça previamente o forno a 220°C. Descasque as batatas, corte em fatias e disponha em uma fôrma untada com manteiga.

Emagreça Naturalmente com a Dieta da Lua

2 Limpe e lave o alho-poró e leve ao fogo para cozinhar ligeiramente em água com sal. Deixe escorrer e secar bem e corte ao meio no sentido do comprimento. Corte as metades em pedaços médios e coloque-os sobre as batatas. 3 Bata o queijo fresco com o leite e o ovo e tempere com sal, pimenta e noz-moscada. Acrescente o Emmental ralado e despeje a massa sobre as batatas. Leve para gratinar no forno preaquecido por cerca de 30 minutos.

Ca. de 355 kcal, 1490 kJ por porção

Sorvete de Maçã com Canela

Ingredientes

250 ml de suco de maçã turvo natural • 1/2 colher de café de canela em pó • 3 a 4 maçãs • 250 g de iogurte desnatado

O queijo queimado sobre um suflê ou gratinado pode arruinar o sabor. Verifique o estado do prato no forno e cubra-o com papel-alumínio caso a superfície esteja dourando rápido demais.

Modo de preparar

1 Colocar o suco de maçã com a canela para cozinhar. 2 Enquanto isso, lave e descasque as maçãs, retire o centro e corte a polpa em fatias estreitas. Adicione os pedaços de maçã ao suco de maçã com canela e deixe cozinhar bem. 3 Retire as maçãs do fogo, deixe esfriar e depois leve ao refrigerador para esfriar completamente. Bata então no liquidificador com o iogurte até obter um purê, coloque em um recipiente apropriado e deixe gelar por pelo menos 4 horas no congelador.

Ca. de 165 kcal, 690 kJ por porção

Receitas — Cozinhe com a Lua

Lua Minguante em Touro ☽ ♉

Coquetel de Frutas

Ingredientes para 2 porções

1 pêssego • 1 copo de gelo moído • 150 g de amoras
(ou framboesas) • 250 ml de suco de ginja • 250 ml de
suco de maçã

Modo de preparar

1 Despeje água fervente sobre o pêssego, retire a pele e corte ao meio, retirando o caroço.   2 Arranje dois copos com gelo moído até a metade. Coloque sobre o gelo uma metade de pêssego (com a cavidade para baixo) e as amoras.   3 Despeje o suco de ginja de modo que o gelo fique totalmente embebido. Complete cuidadosamente com o suco de maçã.

Ca. de 190 kcal, 780 kJ por porção

Erva-doce à Grega

Ingredientes

250 ml de vinho branco seco • suco de 2 limões • 8 colheres de sopa
de azeite de oliva virgem • pimenta triturada • 500 g de
talos de erva-doce • 2 cebolas • 4 dentes de alho • 1 maço
de salsinha lisa

Modo de preparar

1 Ponha para ferver um litro de água com o vinho branco, o suco de limão, o azeite e a pimenta e deixe cozinhar por 10 minutos em

Se você não tiver um moedor de gelo em casa, faça o seguinte: coloque dois sacos plásticos resistentes um dentro do outro e encha com cubos de gelo. Coloque os cubos de gelo sobre uma superfície dura e triture com o pau de macarrão.

fogo lento.   2 Limpe os talos de erva-doce, lave e parta em 8 pedaços. Descasque as cebolas e corte em anéis. Descasque os dentes de alho e corte em fatias. Lave a salsinha, seque e corte em tiras. 3 Coloque a erva-doce, a cebola e a salsinha no caldo, tampe e deixe cozinhar por 10 minutos. Deixe os talos de erva-doce esfriarem ligeiramente no caldo antes de servir.

Dica É um ótimo acompanhamento para carne grelhada ou cozida. Pode-se também servir como entrada, com pão branco.

Ca. de 140 kcal, 570 kJ por porção

Salada Zebra

Ingredientes

600 g de aspargos brancos e 600 g de aspargos verdes • sal • açúcar • 2 fatias de limão • 5-7 colheres de sopa de vinagre de vinho tinto

Um refresco que faz bem para os dias de verão: o coquetel de frutas (receita na página 45).

- *125 ml de caldo de legumes (instantâneo)* • *pimenta* • *mel*
- *3 tomates* • *1 cebola* • *1 maço de alho-poró* • *1 maço de salsinha*

Modo de preparar

1 Descasque cuidadosamente os aspargos. Amarre os dois tipos de aspargos.   2 Leve para ferver bastante água com sal, açúcar e também as fatias de limão. Cozinhe aí os aspargos por 10 a 15 minutos.   3 Junte o vinagre, o caldo quente, a pimenta, o sal e o mel. Retire os aspargos, deixe escorrer e disponha-os em uma fôrma de "quiche". Adicionar a marinada quente e deixar penetrar até que os aspargos estejam totalmente frios.   4 Lave os tomates e corte em cubos; descasque a cebola e corte em cubinhos. Lave as ervas e pique bem fino. Disponha os aspargos em um prato alternando brancos e verdes. Junte o tomate, a cebola e as ervas com a marinada e espalhe essa mistura sobre os aspargos.

Ca. de 90 kcal, 380 kJ por porção

Podem-se preparar talos de salsão da mesma maneira. Só que não se deve deixar os talos limpos, lavados e cortados ao meio ferver no caldo mais que 5 minutos, ou se tornam macios demais.

A Lua em Gêmeos

Nos dias de Gêmeos, sirva principalmente refeições que contenham gordura e óleo ou azeite, bem como pratos que são preparados com gordura ou óleo. Você encontra exemplos de alimentos especialmente apropriados para os dias de Gêmeos nas margens à esquerda e à direita.

Lua Nova em Gêmeos

Leite de Nozes

Alimentos para os Dias de Gêmeos
- **Verduras** • **Cereais**
  Couve-flor
  Cevada
  Aveia
  Trigo

- **Carnes**
  Ganso
  Javali

Ingredientes

4 colheres de sopa de mel • cerca de 100 g de nozes moídas • 1 l de leite desnatado • gelo moído

Modo de preparar

1 Misture o mel com as nozes moídas até obter uma pasta. Acrescente cerca de meia xícara de leite e misture para que a pasta fique mais diluída. **2** Coloque no liquidificador com o restante do leite e bata por cerca de um minuto. Acrescente gelo a gosto e bata mais um pouco. Despeje o leite de nozes em quatro copos e sirva imediatamente.

Ca. de 280 kcal, 1190 kJ por porção

Sopa de Cevada

Ingredientes

150 g de cevada em grão • 60 g de carne bovina seca • 80 g de cenouras • 80 g de alho-poró • 80 g de salsão • 80 g de rábanos • 2 talos de aipo • 150 ml de vinho branco seco • 1 colher de chá de óleo de gergelim • 1 1/4 l de caldo de legumes • pimenta • 1 maço de salsinha lisa

Modo de preparar

1 Deixe a cevada de molho na água por 12 horas. Escorra e lave bem com água fria.   **2** Corte a carne em cubinhos bem pequenos. Raspe a cenoura, limpe e lave o alho-poró e o salsão. Lave bem a couve e o aipo. Corte as verduras em cubinhos bem pequenos e regulares.   **3** Aqueça o óleo em uma panela e refogue a carne seca e a cevada. Junte o vinho branco. Acrescente o caldo de legumes, espere ferver e deixe cozinhar por 10 minutos.   **4** Enquanto isso, lave, seque e pique bem a salsinha. Tempere a sopa, salpique a salsinha nos pratos e sirva em seguida.

Ca. de 250 kcal, 1040 kJ por porção

Lua Crescente em Gêmeos   ☾ 👫

Macarrão com Sálvia

Ingredientes

500 g de macarrão integral • sal • 400 g de cogumelos • um punhado de sálvia fresca • 1 cebola • 1 colher de sopa de óleo de

Emagreça Naturalmente com a Dieta da Lua

Alimentos para os Dias de Gêmeos
• Temperos • Sementes
Pinhão
Açafrão
Gergelim
Mostarda
Noz

• Outros
Óleo de cardo
Óleo de germe de trigo
Cacau
Macarrão

cardo • 2 colheres de sopa de creme de leite fresco • 150 ml de leite desnatado • pimenta

Modo de preparar

1 Cozinhe o macarrão "al dente", seguindo as instruções da embalagem. Escorra e deixe secar bem. 2 Enquanto isso, limpe os cogumelos, lave e corte em fatias não muito finas. Lave e seque a sálvia e pique ligeiramente. Descasque a cebola e corte em cubinhos. 3 Aqueça o óleo de cardo em uma frigideira, refogue nele a cebola: junte os cogumelos e cozinhe bem (o líquido dos cogumelos deve evaporar). Acrescente as folhas de sálvia e deixe cozinhar ligeiramente. Adicione e misture o creme de leite fresco e o leite. 4 Despeje o macarrão ainda quente no molho, tempere com pimenta, misture e sirva imediatamente.

Dica Em comparação com o macarrão de farinha branca, o macarrão integral tem um sabor próprio mais intenso. Por essa razão, procure combinar o macarrão escuro com um molho forte, "dominante".

Ca. de 460 kcal, 1940 kJ por porção

Linguado com Molho de Pimentão

Ingredientes

3 pimentões vermelhos • 20 g de manteiga • 250 ml de caldo de carne • 2 punhados de folhas de estragão • 100 g de creme de leite fresco • 1 colher de sopa de páprica doce em pó • 1 jato de tabasco • sal • 800 g de filé de linguado • pimenta • farinha para empanar • 1 colher de sopa de óleo de girassol

Modo de preparar

1 Lave, retire as sementes e bata os pimentões no liquidificador. Refogue esse purê em 10 g de manteiga derretida, junte o caldo de carne e deixar cozinhar um pouco.   2 Lave e seque as folhas de estragão. Adicione o creme de leite fresco ao purê de pimentão e tempere com páprica, tabasco e sal. Misture então as folhas de estragão.   3 Tempere os filés de linguado com sal e pimenta e empane com farinha. Frite ligeiramente os filés em uma frigideira com cerca de 10 gramas de manteiga e óleo em fogo médio (os filés mal devem começar a dourar). Despeje o molho de pimentão sobre os filés e sirva. Combina com batatas *sautées* ou arroz.
Dica Este prato fica ainda mais "magro" se, em vez de fritar os filés de linguado, você os abafar cuidadosamente no vapor.

Se o pimentão lhe é indigesto, na maioria das vezes a culpa é da casca do pimentão, que é difícil de digerir. Basta passar o purê de pimentão por uma peneira bem fina e você estará livre do problema.

Ca. de 340 kcal, 1410 kJ por porção

Lua Cheia em Gêmeos

Irish Coffee [café irlandês]

Ingredientes para 1 porção

30 ml de uísque irlandês • 250 ml de café forte quente • 1 colher de chá de açúcar mascavo • 2 colheres de sopa de creme de leite batido

Modo de preparar

1 Coloque o uísque preaquecido em um copo resistente ao calor e preencha com café até cerca de 2 centímetros da borda.   2 Acrescente pelo menos uma colher de chá de açúcar (caso se ponha menos, o creme não flutua!), mexa e deixe o creme de leite batido frio escorrer sobre a bebida pelas costas de uma colher.   3 Não me-

xer mais, bebericando o *Irish Coffee* através da camada de creme de leite frio.

Ca. de 190 kcal, 805 kJ por porção

Risoto de Frango

Ingredientes

1 cebola • 2 dentes de alho • 2 colheres de sopa de azeite de oliva • 300 g de arroz para risoto • 200 g de cogumelos • 4 tomates • 1 pimentão • 1 l de caldo de carne • sal • pimenta • curry em pó • 400 g de filé de peito de frango • 100 g de ervilhas • 100 g de parmesão fresco ralado • 1 colher de sopa de ervas mistas picadas

Modo de preparar

1 Descasque a cebola e os dentes de alho • Pique a cebola, esmague o alho e frite ambos no azeite. Acrescente o arroz e refogue mexendo até começar a ficar transparente. **2** Limpe os cogumelos, corte ao meio, lave os tomates, risque em cruz, passe por água fervente, retire a pele e corte em pedaços. Limpe o pimentão, retire as sementes, lave e corte em tiras. **3** Coloque as verduras preparadas na panela e junte o caldo; acrescente os temperos e deixe cozinhar tudo por 20 minutos. **4** Enquanto isso, lave o peito de frango, seque-o, corte-o em pedaços pequenos e cozinhe juntamente com as ervilhas por 10 minutos antes do fim do cozimento do risoto. **5** Sirva o risoto espalhando sobre ele o parmesão e as ervas.

Informação A Itália é o maior produtor de arroz da Europa. As áreas de cultivo estão localizadas preponderantemente no norte da Itália, na região do Pó. Para o risoto, utiliza-se o grão de arroz _arredondado; os tipos mais conhecidos são o Arborio, o Carnaroli e o Vialone. O que é típico nesse arroz é que ele fica macio como o arroz doce, conservando um pequeno núcleo mais firme._

Ca. de 610 kcal, 2560 kJ por porção

Lua Minguante em Gêmeos ☽ 👫

Frapê de Verão

Ingredientes para 1 porção

1 nectarina • 1 pêssego • 150 ml de leite desnatado • 1 colher de chá de xarope de bordo • 1 colher de chá de suco de limão • 1 colher de chá de levedura em flocos

Modo de preparar

1 Lave a nectarina e o pêssego, corte ao meio e retire os caroços. Corte as metades em pedaços não muito pequenos. **2** Bata os pedaços de fruta com o leite desnatado, o suco de limão e o xarope de bordo no liquidificador. Ao final do batimento, misture os flocos de levedura. Sirva em copos altos com um canudinho.

Ca. de 160 kcal, 660 kJ por porção

Salada Crua com Borragem

Ingredientes

1 pepino • 1 rábano • 1 cenoura • 1 maçã • suco de 1 1/2 limão • 1 colher de sopa de vinagre de vinho • sal • pimenta • 1 colher de chá de açúcar • 1 colher de sopa de óleo de cardo • 1 punhado

O modo de preparo muitas vezes é decisivo para que se emagreça de maneira saudável. O melhor é ater-se a modos de cozimento em que praticamente não se utiliza gordura e se emprega pouca água. O sal de cozinha deveria ser usado de maneira moderada. É preferível temperar com ervas frescas.

Juntamente com o aneto, borragem é a "erva" clássica para pepinos e enguias. O aneto só pode ser obtido no verão. Seus luminosos botões azuis também são usados para fins decorativos, por exemplo em saladas.

de folhas novas de borragem • 1 maço de cebolinha • 1 colher de sopa de avelãs moídas

Modo de preparar

1 Lave e descasque o pepino, o rábano e a maçã. Raspe a casca da cenoura. Rale tudo e umedeça imediatamente com o suco de 1 limão. 2 Para o molho, misture o restante do suco de limão com o vinagre e tempere com sal, pimenta e açúcar. Lave as folhas de borragem e a cebolinha, pique ligeiramente a borragem, corte a cebolinha em rodelas finas, misture com o molho e despeje sobre a salada. 3 Toste as avelãs em uma frigideira sem gordura e espalhe sobre a salada bem mexida pouco antes de servir.

Ca. de 175 kcal, 730 kJ por porção

Tiras de Filé ao Molho de Creme e Mostarda

Ingredientes

250 g de uma mistura de arroz branco e arroz selvagem • sal • 400 g de filé mignon • 2 chalotas • 2 colheres de sopa de óleo de cozinha • 200 g de creme de leite • 200 ml de caldo (instantâneo) • sal • pimenta • 2-3 colheres de sopa de mostarda • 1 colher de sopa de espessante de molho • gordura

Modo de preparar

1 Cozinhe a mistura de arroz branco e arroz selvagem em água com sal por cerca de 20 minutos. Escorra o arroz em uma peneira e deixe secar bem. 2 Lave a carne, enxugue e corte em tiras. Descasque as chalotas e corte em pequenos cubos. Aqueça o óleo em

Receitas — Cozinhe com a Lua

O delicado toque de mostarda é especialmente adequado para o filé de carne bovina.

uma panela grande e frite ligeiramente as tiras de filé.   3 Acrescente as chalotas e refogue junto com a carne. Acrescente o creme e o caldo, deixe tudo cozinhar e tempere com sal, pimenta e mostarda. Deixe o molho ferver por 5 minutos e então engrosse com o espessante.   4 Unte pequenas fôrmas, encha de arroz, pressione e vire sobre cada prato. Sirva com o picadinho.

Ca. de 580 kcal, 2400 kJ por porção

Pode-se variar o molho deste prato com diferentes tipos de mostarda. Experimente a mostarda rústica em grãos ou a mostarda de Dijon picante.

A Lua em Câncer

Alimentos para os Dias de Câncer
• Frutas • Verduras
Abóbora
Melão
Berinjela
Grünkern
Rábano
Alface
Milho
Azedinha
Espinafre
Brotos

• Carne • Peixe
Ostra
Lagosta
Mexilhão

Nos dias de Câncer, sirva sobretudo alimentos ricos em carboidratos e/ou que contêm água, sendo recomendados além disso todos os frutos do mar. Você encontra exemplos de alimentos especialmente apropriados para os dias de Câncer nas margens à esquerda e à direita.

Lua Nova em Câncer ●

Pasta de Berinjelas

Ingredientes

4 berinjelas • 2 colheres de sopa de óleo de chili • 25 g de coentro em grão • 25 g de sementes de gergelim • 25 g de gengibre fresco • 4-6 dentes de alho • 25 g de gordura de coco • sal

Modo de preparar

1 Aqueça previamente o forno a 200°C.   2 Limpe as berinjelas, lave e corte ao meio, no sentido do comprimento. Pincele as metades com óleo de chili e leve ao forno por cerca de 30 minutos. 3 Retire a polpa das berinjelas com uma colher de sopa e reserve em uma tigela.   4 Esmague os grãos de coentro e aqueça-os em uma frigideira juntamente com as sementes de gergelim por cerca de 1 minuto, até que comecem a rescender. Descasque o gengibre e o alho e esmague-os com o espremedor de alho.   5 Derreta a gordura de coco em uma panela. Misture todos os ingredientes em uma pasta e sirva quente ou frio.

Ca. de 200 kcal, 850 kJ por porção

Receitas — Cozinhe com a Lua

Mexilhões ao Molho de Vinho Branco

Ingredientes

2 kg de mexilhões frescos • 4 chalotas • 6 dentes de alho
• 5 colheres de sopa de azeite de oliva • 1 folha de louro • sal
• pimenta • salsinha • 500 ml de vinho branco

Modo de preparar

1 Lave os mexilhões em água fria abundante, trocando a água várias vezes. Escove bem os mexilhões sob água corrente para tirar os tufos de "barba".   **2** Descasque e pique bem as chalotas e os dentes de alho. Aqueça o azeite de oliva em uma panela grande e nele refogue ligeiramente as chalotas e o alho.   **3** Acrescente os mexilhões com o restante das ervas. Junte o vinho, tampe e deixe cozinhar até as cascas se abrirem (cerca de 5 minutos). Sirva imediatamente, com pão branco fresco.

Dica Os mexilhões que já se apresentam abertos antes de cozinhar e também aqueles que não se abrem com o cozimento são impróprios para o consumo e devem ser descartados.

Ca. de 465 kcal, 1950 kJ por porção

Alimentos para os Dias de Câncer
• **Temperos** •
Sementes
Xarope de bordo
Açúcar mascavo

• **Outros**
Cuscuz
Mel
Licor

Lua Crescente em Câncer

Ponche de Melão

Ingredientes para 8 porções

1 melão • 1 laranja ou 20 ml de Cointreau • 40 ml de conhaque
• 3 garrafas de vinho Riesling • 1 garrafa de champanhe seco

Modo de preparar

1 Corte o melão em quatro, retire as sementes, solte a polpa da casca e corte em fatias finas.   **2** Lave a laranja e rale a casca. Junte o conhaque à casca de laranja (ou o licor de laranja) e despeje sobre as fatias de melão, regue tudo com 1 garrafa de Riesling, tampe e deixe curtir na geladeira por no mínimo 2 horas.   **3** Pouco antes de servir, acrescente as 2 outras garrafas de vinho e o champagne.

Dica O ponche fica especialmente bonito quando a polpa do melão é retirada em bolinhas, pois elas flutuam nos copos.

Ca. de 310 kcal, 1300 kJ por porção

Salada de Batatas com Azedinha

Ingredientes

600 g de batatas para salada • 1 cebola • 125 ml de caldo de carne ou de legumes (instantâneo) • folha de louro • 2 colheres de sopa de

Ervas frescas, principalmente quando bem picadas, aprimoram molhos para peixes de modo ideal.

vinagre de vinho • pimenta moída na hora • sal • um punhado de folhas de azedinha • 3 colheres de sopa de óleo de sabor neutro

Modo de preparar

1 Lave as batatas e cozinhe com a casca (de 20 a 40 minutos, dependendo do tamanho). **2** Enquanto isso, descasque a cebola e corte em cubinhos bem pequenos. Leve o caldo para ferver com a folha de louro, acrescente a cebola picada e o vinagre e então deixe esfriar. **3** Abafe as batatas cozidas por algum tempo e descasque-as ainda quentes, corte em fatias e disponha em uma saladeira. Retire a folha de louro do caldo. Despeje o caldo de cebola sobre as batatas, moa bastante pimenta por cima e salgue levemente. Deixe a salada descansar coberta por cerca de 30 minutos. **4** Escolha bem as folhas de azedinha, lave e passe por água fervente. Repasse imediatamente em água fria, deixe secar e pique com as mãos. Misture a azedinha com a salada de batatas, e só então acrescente o óleo.

Ca. de 190 kcal, 790 kJ por porção

Para o preparo de saladas use batatas apropriadas para isso. Os outros tipos de batata esfarelam ao serem cortadas em fatias ou misturadas ao molho.

Lua Cheia em Câncer

Sopa de Rábanos

Ingredientes

4-5 rábanos • 300-400 ml de caldo de legumes • sal marinho • pimenta • pimenta-de-caiena • noz-moscada • 150 g de creme de leite fresco

Modo de preparar

1 Lave e descasque os rábanos. Corte as folhas pequenas, ainda em broto, e reserve. Corte os rábanos em tiras pequenas e cozinhe no caldo de legumes por cerca de 20 minutos. 2 Bata a sopa no mixer ou no liquidificador. Tempere com sal marinho, pimenta, uma pitada de pimenta-de-caiena e noz-moscada. 3 Acrescente o creme fresco, decore com os brotos e sirva.

Ca. de 200 kcal, 825 kJ por porção

Linguado ao Molho Verde de Cerefólio

Três regras básicas mostram se você ajuda seu corpo a perder peso: 1. Nada de comida pesada no café da manhã, dê preferência às frutas e suco de frutas! 2. Após as 19 horas, evite pratos gordurosos e consuma álcool com moderação! 3. Não beba demais à noite!

Ingredientes

750 g de linguado • 1 cebola grande • 100 g de manteiga • 1 colher de sopa de farinha • sal • pimenta • 60 ml de vinho branco • 5 colheres de sopa de creme de leite • 1 maço de cerefólio

Modo de preparar

1 Lave o linguado, enxugue e corte em pedaços. 2 Descasque a cebola, corte em rodelas e doure em uma frigideira com 50 g de manteiga. Acrescente o restante da manteiga. 3 Misture a farinha com o sal e a pimenta e empane os pedaços de peixe. Toste de todos os lados na manteiga quente. Retire o peixe e as rodelas de cebola da frigideira e mantenha-os quentes em uma travessa. 4 Dissolva o resíduo da frigideira com vinho branco e deixe cozinhar. Misture o creme de leite e deixe o molho cozinhar em fogo brando por mais alguns minutos. 5 Enquanto isso, lave o cere-

Receitas — Cozinhe com a Lua

fólio, seque, pique bem e acrescente ao molho. Bata o molho no mixer e sirva em separado.

Ca. de 430 kcal, 1810 kJ por porção

Lua Minguante em Câncer
Drinque de Maçãs e Ervas

Ingredientes
1 l de suco de maçã natural, turvo • 4 fatias finas de laranja • 4 fatias finas de pepino • menta fresca • erva-cidreira ou borragem

Modo de preparar
Encha quatro copos altos com o suco de maçã não muito frio e acrescente 1 fatia de laranja e 1 fatia de pepino a cada um. Lave as ervas, seque, acrescente ao suco e deixe curtir por no mínimo 30 minutos.

Beber muito líquido ajuda a emagrecer. Dois litros e meio de água por dia é o mínimo. Caso a água mineral seja muito "sem graça", os chás de frutas ou de ervas podem ser uma saída, ou ainda água aromatizada com suco ou com vinagre de maçã.

Os bolinhos sem carne também são saborosíssimos; a prova está nos hambúrgueres de trigo (receita na página 62).

Emagreça Naturalmente com a Dieta da Lua

Hambúrguer de Trigo com Salada de Folhas

Ingredientes

1 cebola • 1 colher de chá de manteiga • 50 g de trigo moído • 500 ml de caldo de legumes • 150 g de ervilhas congeladas • 2 cenouras • 2 colheres de sopa de flocos de aveia duros • 2 colheres de sopa de flocos de aveia macios • 2 colheres de sopa de sementes de girassol • pimenta • sal • ervas a gosto • óleo de amendoim para fritar • 1 pé de chicória • 150 g de alface • 100 g de brotos mistos • 1 maço de alho-poró • 150 g de iogurte desnatado • suco de 1/2 limão

A alface, em razão de seu alto conteúdo de vitaminas e minerais, deveria ser servida o mais freqüentemente possível, especialmente no inverno.

Modo de preparar

1 Descasque a cebola e corte em cubinhos. Aqueça a manteiga em uma panela e refogue nela a cebola. Acrescente o trigo e toste brevemente. Regue com o caldo, deixe cozinhar por 5 minutos, retire a panela do fogo e deixe descansar por 10 minutos. Escorra o líquido de cozimento e deixe o trigo esfriar.   **2** Cozinhe as ervilhas "al dente" seguindo as instruções da embalagem; escorra, passe por água fria e deixe esfriar bem.   **3** Enquanto isso, rale as cenouras. Amasse o trigo, as ervilhas, as cenouras, os flocos de aveia e as sementes de girassol e condimente a massa. Lave as ervas, sacuda para secar e pique bem. Finalmente, incorpore à massa.   **4** Pincele o fundo de uma frigideira com óleo, aqueça e frite dos dois lados os hambúrgueres amassados com a mão.   **5** Enquanto isso, lave e seque bem a salada. Passe os brotos por água fria e deixe escorrer; lave o alho-poró e corte em rolinhos. Para o molho da salada, misture o alho-poró, o iogurte, o sal, a pimenta e o suco de limão. Coloque a salada e os brotos em uma saladeira, despeje o

Receitas — Cozinhe com a Lua

molho por cima e misture bem. Sirva os hambúrgueres de trigo com a salada.

Dica Se os "hambúrgueres sem carne" ficarem muito secos, pode-se preparar um molho para eles, por exemplo de requeijão com ervas ou um creme de abacate, o chamado "guacamole". Mas um molho de tomate quente também combina.

Ca. de 435 kcal, 1825 kJ por porção

A Lua em Leão

Alimentos para os Dias de Leão
• **Frutas** • **Verduras**
Abacaxi
Damasco
Pomelo
Framboesa
Laranja
Marmelo
Cereja
Uva
Feijão comum
Feijão roxo

Nos dias de Leão, sirva sobretudo alimentos protéicos, bem como pratos fora do comum. Você encontra exemplos de alimentos especialmente apropriados para os dias de Leão nas margens à esquerda e à direita.

Lua Nova em Leão

Frapê de Damasco

Ingredientes

500 g de damascos • açúcar a gosto • 1 l de soro de leite

Modo de preparar

Lave os damascos, corte ao meio, retire os caroços e cozinhe em pouca água até que estejam macios. Bata com o açúcar e o soro de leite.

Ca. de 160 kcal, 680 kJ por porção

Bolo de Batata e Cebola ao Triplo Caviar

Ingredientes

750 g de batatas • 2 cebolas grandes • 2 ovos • 2 colheres de sopa de farinha • sal • pimenta • 4 colheres de sopa de manteiga • 1 limão orgânico • 250 g de creme de leite azedo • 100 g de caviar preto • 50 g de ovas de salmão • 50 g de ovas de truta • 1 pé de endívia

Receitas – Cozinhe com a Lua

Modo de preparar

1 Lave e descasque as batatas, rale grosso e esprema. Descasque as cebolas e corte em cubos grandes. Misture tudo com ovos e farinha e tempere com sal e pimenta. **2** Aqueça a manteiga às porções em uma frigideira. Forme 8 bolinhos com a massa de batatas e frite de ambos os lados até ficarem dourados e crocantes; mantenha-os aquecidos. **3** Lave o limão com água fervente e seque. Rale a casca de meio limão, esprema as duas metades. Misture a casca ralada e de 2 a 3 colheres de sopa do suco com o creme azedo. **4** Lave e seque as folhas de endívia. Sirva os bolinhos com o creme de limão e os três tipos de caviar sobre a salada.

Ca. de 440 kcal, 1840 kJ por porção

Marmelos ao Vinho Tinto

Ingredientes para 6 vidros ou 1 litro

3 kg de marmelos • 1 l de vinho tinto • 1 kg de açúcar • 500 ml de suco de groselha • 2 colheres de sopa de mostarda picante • 200 ml de essência de vinagre • casca de 1 limão orgânico • canela em pau • cravos

Modo de preparar

1 Descasque os marmelos, retire os caroços e corte em aparas. Leve ao fogo um caldo feito com 1 litro de água, o vinho tinto, o açúcar, o suco, a essência de vinagre, a casca de limão e as especiarias, acrescente o marmelo e deixe levantar fervura uma vez. **2** Prepare vidros de conserva, encha-os com os marmelos e o líquido ainda quente, tampe bem e leve para cozinhar em banho-maria por 30 minutos.

Ca. de 1040 kcal, 4370 kJ por vidro

Alimentos para os Dias de Leão

• Carnes • Pescados
Faisão
Veado
Peru
Truta
Caviar
Lagosta
Camarão

• Outros
Parmesão

Emagreça Naturalmente com a Dieta da Lua

O refrescante drinque de verão à base de damasco e o levemente azedo soro de leite.

Lua Crescente em Leão

Salada de Arroz "Gourmet"

Ingredientes

200 g de mistura de arroz branco de grão longo e arroz selvagem • sal • 300 g de aspargos verdes • 150 g de salmão defumado • 2 limas orgânicas • 2 cebolas roxas • 2 tomates • 4 colheres de sopa de óleo • 2 colheres de sopa de vinagre balsâmico • pimenta triturada • 1 colher de chá de açúcar • 1/2 colher de café de gengibre em pó

Modo de preparar

1 Cozinhe a mistura de arroz por cerca de 20 minutos em água fervente com sal. Deixe os aspargos limpos e lavados de molho em água com sal por cerca de 5 minutos, retire e corte em pedaços. **2**

Sempre que possível, compre salmão defumado selvagem, e não salmões criados artificialmente. Talvez você tenha de gastar um pouco mais, mas a diferença de sabor é grande — e você fica com a versão mais magra!

Corte o salmão em tiras finas. Lave as limas, rale a casca de uma delas, corte a segunda em fatias. **3** Descasque as cebolas e corte em cubinhos. Lave os tomates, corte ao meio, retire as sementes e corte a polpa em cubos. Misture cuidadosamente todos os ingredientes da salada. **4** Para o molho, misture o óleo e o vinagre e tempere com pimenta, sal, açúcar e gengibre. Despeje o molho sobre a salada, mexa e deixe descansar por 30 minutos. Sirva decorada com rodelas de lima.

Ca. de 350 kcal, 1450 kJ por porção

Tacos com Feijão Roxo

Ingredientes

200 g de mistura de arroz branco de grão longo e arroz selvagem • sal • 1 cebola • 1 lata pequena de feijões roxos • 1 lata pequena de milho • 150 g de ervilhas • 2 colheres de sopa de vinagre de vinho tinto • 4 colheres de sopa de óleo • pimenta • páprica em pó • pimenta-de-caiena • 8 tacos

Modo de preparar

1 Cozinhe a mistura de arroz por cerca de 20 minutos em água fervente com sal, escorra e deixe esfriar. **2** Enquanto isso, descasque a cebola e corte em cubinhos. Escorra os feijões e o milho. **3** Cozinhe ligeiramente as ervilhas em água fervente. **4** Misture o vinagre e o óleo e tempere com as especiarias. Misture bem o vinagrete com os ingredientes de salada já preparados e deixe descansar por uma hora. Recheie os tacos com a salada de arroz e sirva em seguida.

Ca. de 470 kcal, 1960 kJ por porção

As tâmaras frescas chegam aos nossos mercados no outono e no verão. Como alternativa, você pode utilizar também as tâmaras secas mantidas em xarope de glicose para conservar.

Lua Cheia em Leão

Müsli de Tâmaras

Ingredientes para 1 porção

1 maçã pequena • 1 banana pequena • 4 a 6 tâmaras frescas • 5 colheres de sopa de flocos de aveia integral • 1 colher de sopa de avelãs moídas • 200 ml de leite desnatado

Modo de preparar

1 Lave a maçã, retire as sementes e corte a polpa em fatias finas. Descasque a banana e corte em fatias finas; corte as tâmaras ao meio e retire os caroços.   **2** Coloque as frutas com os flocos de aveia e as avelãs em um prato fundo, regue com o leite e sirva imediatamente.

Ca. de 540 kcal, 2260 kJ por porção

Filé de Cordeiro à Oriental

Ingredientes

600 g de filé de cordeiro • 2 dentes de alho • 6 colheres de sopa de óleo • 1 colher de sopa de mel • pimenta • 1 colher de sopa de folhas de alecrim • 150 g de frutas secas (p. ex. maçã, figo, damasco, ameixa) • 2 chalotas • 2 cenouras • sal • 100 ml de vinho rosé • 250 ml de caldo de carne (instantâneo) • 250 g de arroz Basmati • gengibre em pó • canela em pó • coentro em grão moído

Receitas — Cozinhe com a Lua

Modo de preparar

1 Lave e enxugue os filés de cordeiro. Descasque os dentes de alho, esmague e misture com 4 colheres de sopa de óleo, o mel, a pimenta e o alecrim. Coloque a carne na marinada e deixe descansar por uma hora.   2 Corte as frutas secas em tiras finas. Descasque as chalotas, raspe as cenouras, lave e corte em cubinhos.   3 Frite a carne de cordeiro dos dois lados no restante do óleo por cerca de 10 minutos; salgue, retire da frigideira e mantenha aquecida. (A carne fica especialmente suculenta quando é mantida aquecida embrulhada em papel-alumínio.) Refogue as frutas secas, as chalotas e as cenouras na mesma frigideira, adicione o vinho e o caldo e deixe cozinhar um pouco.   4 Cozinhe o arroz por 10 a 12 minutos em água fervente, escorra em uma peneira e deixe secar bem. Tempere o molho com sal, pimenta, gengibre, canela e coentro. Corte os filés em fatias na diagonal e disponha em pratos individuais com o arroz e o molho.

Ca. de 615 kcal, 2580 kJ por porção

Trutas com Recheio de Ervas

Ingredientes

4 trutas (250 g cada) • sal • pimenta • 2 colheres de sopa de suco de limão • 1 maço de ervas frescas (p. ex. salsinha, cerefólio, aneto e agrião) • 1 bom punhado de folhas de sálvia frescas • 8 colheres de chá de manteiga • 20 ml de aguardente de anis

Modo de preparar

1 Aqueça previamente o forno a 220°C. Limpe as trutas, lave, enxugue e tempere por dentro e por fora com sal e pimenta e borri-

Assar em papel-alumínio é não só um procedimento especialmente cuidadoso, que conserva o sabor próprio do alimento, como permite o emprego de menor quantidade de gordura.

fe com o suco de limão.   2 Lave as ervas, sacuda bem para secar e retire as folhas dos pecíolos. Recheie cada truta com as ervas, 1 folha de sálvia e 1 colher de chá de manteiga.   3 Coloque cada truta em um pedaço de papel-alumínio, distribua o restante das folhas de sálvia e um pouco de manteiga sobre os peixes e então adicione a aguardente de anis. Feche o papel-alumínio e faça alguns furos na parte superior.   4 Leve as trutas ao forno, sobre a grelha, e deixe assar por cerca de 20 minutos. Sirva com batatas com salsinha ou salada de batatas.

Ca. de 355 kcal, 1485 kJ por porção

Framboesas Flambadas com Sorvete de Baunilha

Ingredientes para 6 porções

10 g de manteiga • 1 colher de sopa de açúcar • 1 colher de sopa de mel • 1 colher de sopa de suco de limão • suco de 1/2 laranja •

Por segurança, deve-se flambar na cozinha, sob a coifa, e não à mesa.

Um prazer sempre renovado: as framboesas quentes derretem o sorvete de baunilha.

*200 g de framboesas • 1 colher de sopa de conhaque • 1 colher
de sopa de aguardente de framboesas • 400 g de sorvete de baunilha*

Modo de preparar

1 Derreta a manteiga em uma frigideira própria para flambar e nela caramelize ligeiramente o açúcar. Misture com o mel e acrescente o suco de limão e de laranja.   2 Tempere ainda o molho a gosto com açúcar e reduza à metade, mexendo sempre.   3 Acrescente as framboesas (sem lavar, ou então bem secas) e aumente o fogo para que cozinhem bem. Regue com o conhaque e a aguardente de framboesas, acenda e deixe flambar.   4 Quando as chamas tiverem se apagado, espalhe as framboesas sobre porções de sorvete de baunilha.

Ca. de 195 kcal, 810 kJ por porção

Emagreça Naturalmente com a Dieta da Lua

A Lua em Virgem

Nos dias de Virgem, sirva sobretudo alimentos verdes e/ou salgados, bem como tubérculos. Nesse período o corpo assimila bem os alimentos secos e as especiarias. Você encontra exemplos de alimentos especialmente apropriados para os dias de Virgem na margem à esquerda.

Alimentos para os Dias de Virgem

• **Verduras**
Batata-doce
Erva-doce
Batata
Alho
Cebola

• **Especiarias** •
Sementes
Estragão
Gengibre
Cardamomo
Cominho
Sálvia
Tomilho

Lua Nova em Virgem ●

Drinque de Gengibre

Ingredientes para 1 porção

gengibre fresco • 2 colheres de sopa de açúcar • 250 ml de chá preto • mel

Modo de preparar

Leve para ferver 3 fatias de gengibre descascado e o açúcar em 125 ml de água e deixe cozinhar por 20 minutos. Coe, misture com o chá e adoce a gosto com mel.

Ca. de 110 kcal, 470 kJ por porção

Pimentões Recheados com Requeijão de Alho

Ingredientes

1 cebola • 2 dentes de alho • 1 pepino • 1 talo de salsão • 1/2 maço de ervas frescas • 500 g de requeijão light • sal • pimenta • 2 pimentões vermelhos

Modo de preparar

1 Descasque e pique bem a cebola e os dentes de alho. Lave o pepino e o salsão e corte em cubinhos. Lave as ervas e pique bem. Misture tudo com o requeijão e tempere com sal e pimenta. 2 Corte os pimentões ao meio no sentido do comprimento, retire as sementes e as paredes brancas internas. Lave as metades, seque com papel-toalha e recheie as metades de pimentão com a massa de requeijão.

Ca. de 155 kcal, 655 kJ por porção

Batatas de Sálvia à la Saltimbocca

Ingredientes

8 batatas médias • 500 g de carne bovina cortada em fatias finas
• 16 fatias finas de bacon • pimenta • 20 folhas de sálvia fresca
• 20 g de manteiga • 50 g de toucinho • 1 colher de sopa de farinha
• 250 ml de caldo de carne (instantâneo) • polpa de 1 limão
• 100 g de creme de leite azedo • sal

Modo de preparar

1 Aqueça previamente o forno a 220°C. Esfregue bem as batatas sob água corrente e cozinhe com casca ao vapor por cerca de 20 minutos; passe por água fria e deixe esfriar bem. 2 Coloque uma fatia de bacon sobre uma tábua, sobre ela uma folha de sálvia, e a seguir 1 ou 1/2 fatia de carne; tempere com pimenta moída na hora e acrescente outra folha de sálvia e outra fatia de bacon. 3 Enrole tudo ao redor de uma batata como se fosse uma capa, prenda com palitos e coloque em uma travessa refratária (mais ou menos

Este prato parece complicado à primeira vista, mas não é, de forma alguma. Exige um pouco de tempo para o preparo, é verdade, mas uma vez no forno, você já pode voltar aos seus convidados...

28 centímetros de diâmetro). Envolva da mesma maneira o restante das batatas. Coloque as batatas na fôrma uma ao lado da outra e leve para assar em forno preaquecido por cerca de 20 minutos. 4 Enquanto isso, corte o toucinho em cubinhos e leve ao fogo com a manteiga. Polvilhe com a farinha, frite um pouco e acrescente o caldo, mexendo sempre. Cozinhe e acrescente ao molho o restante das folhas de sálvia cortados bem fino e as fatias de limão cortadas em pedaços pequenos. 5 Tempere com sal e pimenta e misture com o creme de leite azedo. Depois de 20 minutos no forno, despeje o molho sobre as batatas Saltimbocca e deixe assar por mais 10 minutos. Sirva quente.

Dica O melhor é mandar cortar a carne bovina em fatias bem finas no próprio açougue, se possível na máquina de fatiar frios.

Ca. de 830 kcal, 3460 kJ por porção

Lua Crescente em Virgem ☾ 🏃

Ervas no Copo

Ingredientes para 1 porção

3 colheres de sopa de ervas mistas picadas (aneto, salsinha, cebolinha, sálvia, tomilho) • 120 ml de leite integral • pimenta • noz-moscada

Modo de preparar

Misture as ervas e o leite frio e tempere com as especiarias. Uma boa pedida é acompanhar com pãozinho integral.

Ca. de 60 kcal, 250 kJ por porção

Minestrone

Ingredientes

1 cebola • 300 g de couve-de-bruxelas • 250 g de repolho • 1 talo de erva-doce • 150 g de salsão • 2 talos de alho-poró • 3 cenouras • 2 colheres de sopa de manteiga • 2 colheres de sopa de extrato de tomate • 1 1/4 litro de caldo de legumes • sal • pimenta triturada • 150 g de arroz de grão longo • 2 tomates • 1 maço de salsinha • 40 g de parmesão

Nesta sopa italiana — na verdade um cozido clássico — que você certamente conhece, o arroz pode ser substituído por massas. As pequenas rosetas são especialmente atraentes.

Modo de preparar

1 Descasque a cebola e corte em cubos; limpe e lave a couve-de-bruxelas, o repolho, a erva-doce, o salsão, o alho-poró e raspe as cenouras. Corte o repolho e a erva-doce em tiras, o alho-poró em anéis e as cenouras em rodelas. 2 Aqueça a manteiga em uma caçarola grande e nela refogue os legumes e as verduras preparados por 5 minutos. Adicione o extrato de tomate e junte o caldo de legumes. Deixe cozinhar em fogo lento por cerca de 5 minutos. 3 Tempere a sopa com sal e pimenta, acrescente o arroz e deixe cozinhar destampada por mais 20 minutos. 4 Lave os tomates, corte em cubos e acrescente à sopa 5 minutos antes do final do cozimento. 5 Lave a salsinha, sacuda bem para secar e pique ligeiramente. Coloque a sopa nos pratos, rale o parmesão e mexa. Salpique a salsinha e sirva em seguida.

Ca. de 370 kcal, 1550 kJ por porção

Pot-pourri de Legumes

Ingredientes

2 tomates • 1 pimentão verde • 1 abobrinha • 15 cogumelos • 2 cebolas • 1 lata de milho • 1 lata de feijões roxos • 100 g de germe de soja • 2 colheres de sopa de óleo • sal • pimenta • páprica em pó • 250 g de arroz de grão longo • 2 ovos • 75 g de farinha • 1 colher de sopa de margarina

Modo de preparar

1 Limpe os legumes, lave e corte em pedaços. Corte os cogumelos em quatro. Descasque a cebola e corte em tiras. **2** Escorra o milho, os feijões e o germe de soja. Refogue tudo no óleo aquecido, bem temperado com sal, pimenta e páprica em pó. Reserve. **3** Cozinhe o arroz de acordo com as instruções da embalagem, escorra e deixe secar bem. Misture os ovos com o arroz cozido e tem-

Os cogumelos cultivados são em geral tão limpos que basta esfregá-los com papel-toalha ou com um pincel. Ao serem lavados, eles absorvem muita água e, com isso, perdem sabor.

Os bolinhos de arroz crocantes fazem do pot-pourri vegetariano um prato completo.

pere com sal e pimenta. Adicione a farinha e misture tudo muito bem.   4 Com uma colher de sopa, forme bolinhos e frite-os na margarina quente. Arranje nos pratos os bolinhos de arroz e os legumes.

Ca. de 500 kcal, 2100 kJ por porção

Lua Cheia em Virgem

Salada de Arenque da Silésia

Ingredientes

1 kg de batatas cozidas com a casca e frias • 2 arenques salgados ou 4 filés de arenque (cerca de 200 g) • 1 maçã • 1 cebola • 1-2 pepinos em conserva • 6 colheres de sopa de óleo de linhaça comestível • 6 colheres de sopa de caldo (instantâneo) • 2 colheres de sopa de vinagre • sal • pimenta • 1/2 colher de café de açúcar • 2 colheres de sopa de creme de leite • 1 maço de cebolinha

Modo de preparar

1 Descasque as batatas e corte em fatias ou cubos. Seque os arenques salgados postos de molho em água (ou no leite) com papel-toalha e retire a pele e as espinhas. Corte os filés em tiras com cerca de 1 cm de largura.   2 Descasque a maçã e a cebola, retire as sementes da maçã. Corte-as ambas juntamente com os pepinos em conserva em fatias finas ou em cubos. Misture os ingredientes em uma saladeira.   3 Prepare uma marinada misturando o óleo de linhaça, o caldo, o vinagre, os condimentos e o creme de leite.

Despeje sobre os ingredientes da salada, misturando com cuidado. 4 Deixe a salada de batatas esfriar na geladeira por no mínimo 30 minutos e sirva com a cebolinha lavada e bem picada.

Ca. de 440 kcal, 1850 kJ por porção

Purê de Batatas e Pastinaca

Ingredientes

200 g de pastinaca • 200 g de batatas • 1 cebola média • 1 talo (20 cm) de alho-poró • 40 g de manteiga • 250 ml de caldo de legumes ou de carne • sal • noz-moscada • 1 gema • 2 colheres de sopa de creme de leite • 2 colheres de sopa de folhas de pastinaca bem picadas

> A pastinaca é um tubérculo típico do inverno. Seu sabor lembra uma mistura de salsão e raiz de salsa, e pode ser substituída por estes em caso de necessidade.

Modo de preparar

1 Descasque a pastinaca e as batatas e corte em pedaços pequenos. Descasque a cebola e corte em cubinhos; limpe o alho-poró, lave e corte em pedaços pequenos. 2 Derreta a manteiga em uma caçarola e nela refogue o alho-poró e a cebola. Acrescente a pastinaca e as batatas cortadas em pedaços pequenos. Frite na manteiga e então regue com o caldo. Tempere com os condimentos, tampe e deixe cozinhar por cerca de 15 minutos. 3 Passe-as pelo espremedor de batatas, devolva à caçarola e aqueça uma vez mais, retirando então do fogo. 4 Bata o creme de leite e a gema e misture com o purê. Pouco antes de servir, espalhe por cima as folhas de pastinaca picadas. O purê acompanha carne bovina cozida e também *kasseler* com chucrute.

Ca. de 180 kcal, 750 kJ por porção

Receitas — Cozinhe com a Lua

Lua Minguante em Virgem ☽ ☃

Bolo de Cebola

Ingredientes

1 kg de cebolas • 2 colheres de sopa de óleo • sal • pimenta
• tomilho • 2 dentes de alho • 400 g de requeijão light
• 2 ovos • 12 folhas grandes de espinafre • gordura para untar

Modo de preparar

1 Aqueça previamente o forno a 200°C. Descasque as cebolas, corte em cubos e refogue no óleo quente por cerca de 30 minutos. 2 Então, tempere com sal, pimenta e tomilho e acrescente os dentes de alho descascados e esmagados. 3 Misture o requeijão com os ovos e acrescente à massa de cebolas, mexendo. 4 Limpe e lave as folhas de espinafre, afervente em água com sal, deixe escorrer e com elas forre uma fôrma lisa e untada. Espalhe a massa de cebolas e o requeijão sobre as folhas de espinafre, alise e leve ao forno por cerca de 30 minutos.

Dica Folhas grandes de acelga fervidas também servem para formar a "base" do bolo de cebolas.

Ca. de 250 kcal, 1050 kJ por porção

O bolo de cebolas se torna mais digerível se você acrescentar um pouco de sementes de cominho. Pessoas especialmente sensíveis devem tomar um chá de erva-doce para diminuir a formação de gases.

A Lua em Libra

Nos dias de Libra, sirva alimentos que contêm gordura e óleo, bem como pratos que são preparados com gordura ou óleo. Dedique especial atenção para que a mesa esteja belamente decorada e também que os pratos sejam apresentados de maneira incomum. Você encontra exemplos de alimentos especialmente apropriados para os dias de Libra nas margens à direita e à esquerda.

Alimentos para os Dias de Libra
• **Frutas** • **Verduras**
Flor de sabugueiro
Malva
Couve-flor
Couve-de-bruxelas

• **Carnes** • **Peixes**
Pato
Carne bovina
Codorna

Lua Nova em Libra

Salada Italiana de Macarrão

Ingredientes

250 g de macarrão integral (penne ou conchas grandes) • sal • 400 g de tomates • 2 abobrinhas • 250 g de cogumelos • 1 cebola • 1 colher de sopa de óleo • 1 dente de alho • 1 bola de mussarela de búfala (150 g) • 2 colheres de sopa de sementes de girassol ou pinhões • 150 g de iogurte desnatado • 3 colheres de sopa de vinagre de vinho tinto • 1 colher de sopa de mel • pimenta • 1 maço de manjericão

Modo de preparar

1 Cozinhe o macarrão "al dente" em água abundante e sal; deixe escorrer, passe por água fria e deixe esfriar.   **2** Enquanto isso, lave os tomates e corte em tiras finas. Limpe as abobrinhas e os cogumelos, lave e corte em fatias.   **3** Aqueça o óleo, refogue ligei-

Receitas — Cozinhe com a Lua

ramente a abobrinha e os cogumelos e reserve. Descasque a cebola e o alho, esmague o alho e pique a cebola em cubinhos. **4** Corte a mussarela em tiras finas. **5** Coloque o macarrão e as verduras com as sementes em uma saladeira. Misture o iogurte com o vinagre, o mel, a pimenta e o sal. Despeje essa marinada sobre a salada e mexa cuidadosamente. Lave o manjericão e corte em tiras finas. Junte com o queijo e coloque por cima.

Ca. de 400 kcal, 1660 kJ por porção

Peito de Pato ao Molho de Laranja

Ingredientes

2 peitos de pato inteiros (350 g cada) • 2 ovos • sal • pimenta • farinha para empanar • 5 colheres de sopa de sementes de gergelim • gordura para untar • 10 ml de suco de laranja • casca ralada de 1 laranja orgânica • 10 ml de vinho branco • 125 g de manteiga • 1 pitada de açúcar • 250 g de uma mistura de arroz branco e arroz selvagem • 600 g de vagem • 4 fatias de bacon • segurelha fresca

Modo de preparar

1 Aqueça previamente o forno a 200°C. Lave os peitos de pato e seque com papel-toalha. **2** Separe as gemas das claras. Tempere os peitos de pato e então passe primeiro na farinha, depois na clara e finalmente nas sementes de gergelim. Disponha em uma fôrma untada e leve ao forno preaquecido por cerca de 30 minutos. **3** Enquanto isso, bata em banho-maria as gemas com o suco de laranja, a casca de laranja e o vinho até engrossar e ficar espumoso.

Alimentos para os Dias de Libra
• Condimentos •
Sementes
Avelã
Castanha
Papoula
Pistache
Semente de girassol

• Outros
Manteiga
Creme de leite
Marzipan

Derreta a manteiga e misture lentamente à massa de ovos. Tempere com sal e açúcar.   **4** Cozinhe a mistura de arroz em água e sal por cerca de 20 minutos.   **5** Limpe a vagem, lave e cozinhe em água com sal. Retire da água, deixe secar, junte em feixes e envolva com bacon. Coloque em uma escumadeira e aqueça novamente na mesma água, com sal e um pouco de segurelha.   **6** Corte os peitos já assados em fatias e sirva com o molho, os feixes de vagem e o arroz.

Ca. de 880 kcal, 3340 kJ por porção

Lua Crescente em Libra   ☾ ♎

Frapê de Avelãs e do Fruto do Espinheiro

Ingredientes para 1 porção

1 maçã • 1 laranja • 1 colher de sopa de avelãs peladas e moídas
• 1 colher de chá de suco de limão • 1 colher de sopa de suco do fruto do espinheiro • 250 ml de leite desnatado ou iogurte
• 2-3 cubos de gelo a gosto

O suco do fruto do espinheiro contém uma grande quantidade de vitamina C. Você pode obtê-lo nas lojas de produtos alimentícios, lojas de produtos naturais ou também nas drogarias.

Modo de preparar

1 Lave e descasque a maçã, retire as sementes e corte a polpa da fruta em pedaços. Corte ao meio e esprema a laranja.   **2** Bata no liquidificador todos os ingredientes menos o leite, o iogurte e os cubos de gelo, até obter uma mistura homogênea.   **3** Por último, misture o leite frio (ou iogurte). Se preferir gelado, quebre os cubos de gelo, acrescente e bata bem mais uma vez.

Ca. de 370 kcal, 1550 kJ por porção

Receitas — Cozinhe com a Lua

Gratinado de Couve-Flor, Brócolis e Cenouras

Ingredientes

250 g de arroz integral • 500 g de brócolis • 500 g de couve-flor

• 1/2 maço de minicenouras • sal • gordura para untar

• 250 g de creme de leite • 2 ovos • pimenta • noz-moscada moída

• 100 g de queijo Greyerzer

Modo de preparar

1 Aqueça previamente o forno a 180°C. Cozinhe o arroz integral por cerca de 25 minutos em água fervente e sal; escorra e deixe secar. **2** Limpe os brócolis e a couve-flor, lave e corte em buquês. Raspe as cenouras sem retirar toda a parte verde. **3** Ferva separadas em água e sal os legumes preparados por cerca de 8 minutos cada um; escorra e passe por água fria. **4** Misture o arroz com pedaços de brócolis, espalhe em uma fôrma refratária grande e untada e arranje por cima, de forma decorativa, a couve-flor, os buquês de brócolis e também as cenouras, pressionando-os ligeiramente. **5** Misture o creme de leite com os ovos, tempere com sal, pimenta e noz-moscada e despeje sobre o gratinado. Salpique com queijo ralado. Asse em forno preaquecido por cerca de 45 minutos, cobrindo com papel-alumínio nos 15 minutos finais, para que o queijo não fique muito escuro.

Dica O queijo Greyerzer pode ser substituído por outro tipo de queijo igualmente forte, como o parmesão, ou algum mais suave como o Emmental ou o Gouda.

Ca. de 640 kcal, 2680 kJ por porção

Lua Cheia em Libra ○ ♎

Malva Fria

Ingredientes para 1 porção

1 saquinho de chá de malva • açúcar a gosto • suco de 1/2 limão • algumas ginjas em conserva para decorar • 20 ml de aguardente de cereja a gosto

Modo de preparar

Prepare o chá de malva com 250 ml de água fervente e deixe descansar por 15 minutos. Junte o açúcar e o suco de limão e guarneça com as ginjas. Acrescente aguardente de cereja a gosto.

Ca. de 90 kcal, 360 kJ por porção

Sopa Clara de Tomates com Bolinhos

Ingredientes

Para esta sopa, utilize tomates especialmente aromáticos. Os mais indicados são os tomates vermelho-escuros, que não contêm muita água.

1 kg de tomates • 1 pacote de legumes verdes • 800 ml de caldo de carne • 500 g de batatas • 75 g de farinha • 3 gemas • 100 g de queijo Emmental • sal • pimenta • 1 maço de tomilho • farinha para trabalhar • óleo para fritar

Modo de preparar

1 Lave os tomates e corte em quatro. Limpe os legumes verdes, lave e corte em pedaços pequenos. Cozinhe no caldo de carne juntamente com os tomates por cerca de 20 minutos. Coe numa peneira (sem pressionar, caso contrário a sopa ficará turva). **2** Enquanto isso, descasque as batatas, corte em cubos e cozinhe por

Receitas — Cozinhe com a Lua

cerca de 30 minutos. Escorra e triture. Junte a farinha, as gemas, o queijo ralado, sal, pimenta e as folhas de tomilho escolhidas e lavadas. 3 Com as mãos enfarinhadas, forme bolinhos. Aqueça o óleo e nele frite os bolinhos aos poucos. 4 Enquanto isso, corte o restante da verdura em tiras finas e deixe cozinhar na sopa por cerca de 3 minutos. Distribua a sopa nos pratos e acrescente os bolinhos.

Ca. de 440 kcal, 1860 kJ por porção

Arroz Malaio com Castanhas-de-caju

Ingredientes

250 g de arroz Basmati • sal • 600 g de filé de peru • 2 colheres de sopa de manteiga • pimenta • 100 g de brócolis • 150 g de cogumelos • 1 talo de alho-poró • 3 cenouras • páprica em pó • 125 ml de caldo • 60 g de castanhas-de-caju

Modo de preparar

1 Cozinhe o arroz em água fervente e sal por cerca de 10 minutos. 2 Lave o filé de peru, enxugue e corte em pedaços adequados para comer. Frite a carne na manteiga aquecida em uma caçarola; retire, tempere com sal e pimenta e mantenha aquecida. 3 Limpe os brócolis, lave e corte em buquês. Limpe os cogumelos, o alho-poró e raspe as cenouras; lave, corte os cogumelos em quatro e o alho-poró em anéis; descasque as cenouras e corte em palitos. 4 Refogue rapidamente as verduras na gordura que ficou na caçarola; tempere; junte o caldo, e deixe cozinhar por cerca de 10 minutos. 5 Escorra o arroz e deixe secar bem. Misture o arroz e a carne de peru com as verduras. Toste as castanhas-de-caju em uma frigideira sem gordura e espalhe sobre a travessa de arroz.

Ca. de 530 kcal, 2235 kJ por porção

É depois de tostadas que as castanhas-de-caju liberam todo o seu sabor, além de um aroma de dar água na boca.

Lua Minguante em Libra ☽ ♎

Batida de Amêndoas

Ingredientes

100 g de amêndoas peladas e moídas • 1 pacote pequeno de açúcar vanila • 3 colheres de sopa de açúcar • 2 gemas • 600 ml de leite desnatado • 4 colheres de sopa de chantilly para decorar

Modo de preparar

Bata bem todos os ingredientes no liquidificador. Distribua a mistura em quatro copos, decore cada porção com um toque de chantilly e sirva imediatamente após o preparo.

Ca. de 320 kcal, 1350 kJ por porção

Nhoques de Papoula

Ingredientes

900 g de batatas • sal • 80 g de manteiga • 125 g de farinha • 3 ovos • 1 kg de gordura para fritar • 150 g de sementes de papoula moídas • 150 g de creme de leite • 30 g de açúcar

Modo de preparar

1 Cozinhe as batatas em água com sal. Quando estiverem quase cozidas, escorra quase toda a água e adicione 50 gramas de manteiga, que deve derreter lentamente. Acrescente pouco a pouco a farinha, mexendo sempre, até obter uma massa. Esmague as batatas para formar um purê e junte à massa (em fogo baixo, para não queimar). 2 Retire a panela do fogo e misture os ovos um a um.   3 Aqueça

Receitas — Cozinhe com a Lua

a gordura a 180°C. Com uma colher, forme nhoques e frite, imersos na gordura.   4 Enquanto isso, deixe as sementes de papoula amolecer no creme de leite aquecido. Derreta a manteiga em uma frigideira, acrescente o açúcar e nela toste rapidamente as sementes de papoula com o creme. Despeje sobre os nhoques já prontos.

Ca. de 890 kcal, 3730 kJ por porção

Faça a prova da colher: coloque o cabo de uma colher de pau na gordura — não deve surgir nenhuma bolhinha. Somente então a gordura estará suficientemente quente para fritar!

Pratos principais doces como os nhoques de papoula também têm seu lugar na Dieta da Lua.

A Lua em Escorpião

Nos dias de Escorpião, sirva sobretudo alimentos ricos em carboidratos e/ou que contenham água; além disso, nesses dias as folhas são um complemento importante. Você encontra exemplos de alimentos especialmente apropriados para os dias de Escorpião nas margens à esquerda e à direita.

Alimentos para os Dias de Escorpião
• **Frutas** • **Verduras**
Ruibarbo
Alface
Chicória
Endívia
Pepinos em conserva
Agrião
Dente-de-leão
Almeirão ou chicória amarga
Chucrute
Couve lombarda
Abobrinha

Lua Nova em Escorpião

Leite de Hortelã

Ingredientes

4 saquinhos de chá de hortelã • 2 colheres de sopa de mel • 250 ml de leite desnatado

Modo de preparar

Prepare o chá de hortelã em 1 litro de água fervente e deixe descansar por 5 minutos. Adoce o chá frio com o mel e bata com o leite no liquidificador. Sirva em copos altos.

Ca. de 55 kcal, 220 kJ por porção

Sopa de Agrião

Ingredientes

1 litro de caldo de carne • 1 colher de sopa cheia de amido (maizena) • 250 ml de leite desnatado • sal • pimenta

Receitas — Cozinhe com a Lua

• *2 gemas • 5-6 colheres de sopa de creme de leite*
• *3-4 colheres de sopa de agrião bem picado*

Modo de preparar

1 Cozinhe o caldo, junte o amido ao leite e adicione à sopa. Tempere a sopa com sal e pimenta.   **2** Bata as gemas com o creme de leite. Retire a sopa do fogo e incorpore o creme de ovos.   **3** Distribua a sopa o mais quente possível sobre o agrião picado nos pratos preaquecidos.

Ca. de 175 kcal, 740 kJ por porção

Chicória Empanada

Ingredientes

600 g de batatas • sal • 4 pés de chicória grandes • 500 g de tomates • 4 fatias de presunto cozido magro • 50 g de queijo Greyerzer ralado • pimenta

Modo de preparar

1 Aqueça o forno previamente a 180°C. Lave as batatas, cozinhe na panela de pressão e descasque ainda quentes.   **2** Enquanto isso, coloque uma panela com água e sal para ferver. Limpe a chicória, retire as hastes e cozinhe por 10 minutos.   **3** Lave os tomates e corte em fatias. Fatie também as batatas. Transfira para uma fôrma refratária as fatias de tomate e de batata umas sobre as outras, como se fossem escamas. Tempere com sal e pimenta.   **4** Retire os ramos de chicória da água, envolva cada um em uma fatia de presunto, coloque sobre as fatias de batata e tomate e cubra tudo com queijo ralado. Leve para gratinar por cerca de 15 minutos.

Ca. de 270 kcal, 1150 kJ por porção

Alimentos para os Dias de Escorpião

• Ervas • Sementes
Hortelã
Trigo Sarraceno
Espelta (trigo de qualidade inferior)

Outros
Vinho tinto
Vinagre

Emagreça Naturalmente com a Dieta da Lua

Uma pedida para a primavera: a sopa de agrião (Receita na página 88).

Lua Crescente em Escorpião

Requeijão com Frutas

Ingredientes para 1 porção

150 g de requeijão light • 2-3 colheres de sopa de água mineral
• 200 g de frutas frescas (p. ex. morangos, framboesas)
• mel a gosto

Modo de preparar

1 De acordo com a consistência, bata o requeijão com água mineral até ficar homogêneo.   **2** Escolha as frutas, lave e corte em bo-

Você também pode utilizar suco de beterraba ou xarope de bordo como adoçante para a sobremesa de requeijão.

Receitas – Cozinhe com a Lua

Independentemente das frutas utilizadas, o requeijão com frutas é uma boa fonte de cálcio e vitaminas.

cados regulares. Acrescente ao requeijão e misture bem.   3 Dependendo da doçura das frutas, adoce com mel.

Dica Os pratos com requeijão são não apenas saudáveis, mas fáceis de preparar o ano todo, utilizando sempre frutas diferentes. Só é preciso tomar cuidado com algumas frutas (abacaxi, kiwi, papaia), pois elas contêm enzimas que quebram as proteínas e deixam o requeijão amargo, além de serem também responsáveis pelo fato de as sobremesas feitas com gelatina não endurecerem. Isso pode ser evitado aferventando-as ligeiramente.

Ca. de 190 kcal, 805 kJ por porção

Berinjelas Recheadas

Ingredientes

2 berinjelas • 2 cebolas • 4 tomates • 2 dentes de alho
• 4 colheres de sopa de azeite de oliva • 200 g de arroz

integral • sal • pimenta • páprica em pó • manjericão • 200 g de queijo de ovelha • 1/2 maço de salsinha

Modo de preparar

1 Aqueça previamente o forno a 200°C.   **2** Limpe as berinjelas, lave, corte ao meio no sentido do comprimento, solte a polpa da casca e corte em cubos. Descasque as cebolas e corte em anéis. Risque a base dos tomates em cruz, passe por água fervente, retire a pele e corte em cubinhos. Descasque e esmague os dentes de alho.   **3** Refogue em óleo quente o arroz integral, os anéis de cebola, os cubos de tomate e de berinjela e o alho; adicione 250 ml de água, tampe e deixe cozinhar por cerca de 20 minutos.   **4** Tempere com sal, pimenta, páprica em pó e manjericão. Pique o queijo de ovelha e acrescente.   **5** Recheie as metades de berinjela com a mistura de arroz, arranje-as em uma assadeira e leve ao forno por cerca de 20 minutos. Salpique com salsinha fresca e sirva em seguida.

Ca. de 460 kcal, 1925 kJ por porção

Lua Cheia em Escorpião

Suco de Chucrute Bávaro

Ingredientes

500 ml de suco de chucrute • 500 ml de suco de tomate • 2 colheres de chá de cominho moído • cubos de gelo

> Decore seus coquetéis de verduras. Por exemplo, com talos longos de salsão, lavados e com as folhas. Além de saborear o suco, você ainda terá algo para mordiscar.

Modo de preparar

Misture bem os dois sucos com o cominho moído. Coloque alguns cubos de gelo em quatro copos altos, verta o suco sobre eles e sirva frio.

Ca. de 40 kcal, 160 kJ por porção

Rolinhos Outonais de Couve Lombarda

Ingredientes

8 folhas de couve lombarda grandes • sal • 125 g de arroz de cozimento rápido • 100 g de cogumelos (p. ex. cogumelos brancos ou marrons, shiitake, ou outro de sua preferência) • 2 cenouras • 1/2 maço de salsinha lisa • 2 cebolas • 4 colheres de sopa de óleo • 150 g de queijo Emmental • 1 ovo • pimenta • 300 g de carne de porco picada • 2 colheres de sopa de farinha • 400 ml de caldo de legumes • 200 g de creme de leite • 5 colheres de sopa de vinho branco • 100 g de ervilhas e cenouras em conserva

Modo de preparar

1 Lave as folhas de couve e afervente em água e sal por 3 minutos. Retire e passe por água fria. Cozinhe o arroz por cerca de 10 minutos em água fervente e sal. 2 Enquanto isso, limpe os cogumelos, lave e corte em fatias. Raspe as cenouras, lave a salsinha e descasque a cebola. Corte a cenoura em palitos, a cebola em cubinhos, e pique a salsinha. 3 Refogue os cogumelos, os palitos de cenoura e a cebola picada em 1 colher de sopa de óleo quente. Misture o arroz cozido com as verduras. Rale grosso o queijo, acrescente à massa de arroz com o ovo e a salsinha e tempere com sal e

O melhor é comprar a carne de porco no açougue, pois assim você sabe exatamente o que está levando. Peça lascas de carne de porco magra ou — melhor ainda — filés.

pimenta. Distribua o arroz com verduras igualmente pelas folhas de couve, dobre as bordas das folhas, enrole e prenda com linha. **4** Refogue a carne em 1 colher de sopa de óleo aquecido e retire da frigideira, temperando com um pouco de sal e pimenta. **5** Frite por igual os rolos de couve no restante do óleo quente; retire, polvilhe farinha nos resíduos da frigideira, junte o caldo de legumes e o creme de leite e deixe levantar fervura. Acrescente o vinho, espere ferver novamente, coloque os rolos no molho e cozinhe por cerca de 30 minutos em fogo baixo. **6** Acrescente a carne, as ervilhas e as cenouras em conserva e aqueça tudo junto por 5 minutos. Arranje os rolos de couve com o picadinho em pratos individuais. **Dica** Folhas grandes de repolho branco ou roxo também são apropriadas para rechear. Você pode achatar as nervuras mais grossas com a lâmina de uma faca, assim fica mais fácil enrolá-las.

Ca. de 530 kcal, 2220 kJ por porção

Lua Minguante em Escorpião ☽ ♏

Suflê de Abobrinhas

Ingredientes
250 g de abobrinhas • 1 kg de batatas • 2 tomates • 10 g de manteiga • 2 ovos • 150 g de creme de leite • sal • pimenta • noz-moscada • 50 g de queijo Emmental

Modo de preparar
1 Aqueça previamente o forno a 200°C. **2** Descasque as batatas e cozinhe em água e sal por 20 minutos; corte em fatias. Limpe as

abobrinhas e os tomates, lave e corte em fatias.   3 Unte com manteiga uma fôrma refratária e arranje os legumes em camadas. 4 Bata os ovos com o creme de leite, tempere com sal, pimenta e noz-moscada. Salpique o queijo ralado na hora. Distribua a massa sobre os legumes e leve para assar por 30 minutos.

Ca. de 440 kcal, 1850 kJ por porção

Arenques Marinados

Ingredientes

4 arenques frescos em filés • 2 cebolas • 250 ml de vinagre de xerez • 250 ml de vinagre de estragão • alguns grãos de zimbro • alguns grãos de pimenta • 2 ramos de tomilho fresco • 2 folhas de louro • 1 colher de chá de açúcar • 1 colher de chá de sal • 250 ml de xerez seco

Depois de uma semana na marinada, os filés de arenque viram quase uma conserva. Sua carne se torna suave e tenra, embebida no aromático líquido da marinada.

Modo de preparar

1   Lave os filés de arenque, enxugue e arranje-os em camadas em um recipiente de cerâmica ou vidro.   2 Descasque as cebolas e corte em anéis. Leve para ferver a cebola, os vinagres, os grãos de zimbro moídos e o restante dos temperos.   3 Despeje o molho frio sobre os arenques, que precisam ficar totalmente cobertos. Deixe os filés de peixe marinados curtir na geladeira por 1 semana.   4 Retire da marinada e molhe com o xerez. Sirva com torradas ou pão branco com bastante manteiga.

Ca. de 540 kcal, 2260 kJ por porção

Emagreça Naturalmente com a Dieta da Lua

A Lua em Sagitário

Nos dias de Sagitário, sirva sobretudo alimentos ricos em proteína e frutas vermelhas, assim como pratos e especiarias exóticas. Você encontra exemplos de alimentos especialmente apropriados para os dias de Sagitário nas margens à esquerda e à direita.

Lua Nova em Sagitário ● ⚵

Cozido de Tofu

Ingredientes

Alimentos para os Dias de Sagitário
• Frutas • Verduras
Maçã
Pêra
Amora
Tâmara
Baga de mirtilo
Baga de sabugueiro
Kiwi
Manga
Pêssego
Framboesas negras
Brotos de mangostão
Brotos de feijão

300 g de tofu firme • 1 talo de alho-poró • 200 g de brócolis • 2 cenouras • 3 talos de salsão • 70 g de brotos de grão-de-bico • 100 g de ervilhas em conserva • 70 g de brotos de semente de abóbora • 1 colher de chá de óleo de amendoim • pimenta-de-caiena • cúrcuma • pimenta • 1 maço de coentro

Modo de preparar

1 Corte o tofu em cubos pequenos. **2** Limpe o alho-poró, corte ao meio no sentido longitudinal, lave bem sob água corrente e corte em tiras. Limpe os brócolis, lave e corte em pequenos buquês. Raspe as cenouras e corte em palitos. Limpe o salsão, lave e corte em tiras. Passe os brotos por água fria e deixe escorrer. **3** Aqueça o óleo em uma caçarola, acrescente os legumes preparados juntamente com os brotos de grão-de-bico e as ervilhas e refogue "al`dente". Lave o coentro, sacuda bem para secar e pique fino. Tempere o cozido de legumes com os condimentos indicados. Junte o tofu e os brotos de abóbora, salpique o coentro e sirva imediatamente.

Informação O tofu é uma valiosa fonte de proteína vegetal, obtida a partir da soja. Como tem um sabor relativamente neutro, antes de ser preparado o tofu deve ser marinado, por exemplo, em molho de soja, ou em outro líquido aromático.

Ca. de 155 kcal, 650 kJ por porção

Lombo de Lebre ao Molho de Polpa de Rosa Silvestre

Ingredientes

170 g de polpa de rosa silvestre • 65 ml de vinho rosado seco • 1 maçã pequena • 65 g de creme de leite • 1 colher de chá de açúcar • sal • 4 filés de lombo de lebre • 2 colheres de sopa de manteiga • pimenta

Modo de preparar

1 Misture bem a polpa de rosa silvestre com o vinho rosado. Lave a maçã, descasque, retire as sementes e rale fino. **2** Bata o creme de leite com o açúcar e junte à mistura de vinho e maçã. Tempere com sal. **3** Lave e enxugue os filés. Frite na manteiga bem quente, virando sempre, durante 3 ou 4 minutos. Deixe os pedaços de carne descansar um pouco (de preferência em papel-alumínio), e só então tempere com sal e pimenta. **4** Adicione os resíduos da frigideira à polpa da rosa silvestre. Sirva o lombo de lebre com bolinhos de farinha ou de batata.

Ca. de 540 kcal, 2270 kJ por porção

Alimentos para os Dias de Sagitário

• Carnes • Pescados
Veado
Carpa
Linguado
Lula

• Temperos • Sementes
Curry

• Outros
Requeijão

Emagreça Naturalmente com a Dieta da Lua

Ao serem fritos rapidamente, os filés de lebre ficam especialmente tenros e suculentos.

Lua Crescente em Sagitário ☾ ♐

Salada de Lulas

Ingredientes

500 g de lulas congeladas • sal • 1 dente de alho • suco de 1 limão • 1 colher de chá de mostarda • sal • pimenta • 4 colheres de sopa de azeite de oliva • 2 tomates • 1 cebola vermelha • 100 g de azeitonas verdes • 1/2 maço de salsinha

Modo de preparar

1 Deixe as lulas descongelarem e cozinhe em água fervente e sal por cerca de 30 minutos. Escorra, deixe esfriar e corte em anéis. 2 Para a marinada, descasque o alho, esmague e misture com o suco de limão e a mostarda, tempere com sal e pimenta e então misture o azeite de oliva com o batedor de claras.   3 Risque a base

dos tomates, passe por água fervente, e retire a pele e as sementes. Corte a polpa em tiras largas. Descasque a cebola, pique bem fino e misture com as lulas; adicione também os tomates. 4 Junte à marinada e sirva a salada com as azeitonas e salpique salsinha lavada e picada.

Ca. de 250 kcal, 1035 kJ por porção

Musse de Baga de Sabugueiro com Nhoques de Neve

Ingredientes para 6 porções

1 kg de bagas de sabugueiro • 250 g de frutas a gosto (ameixas, peras ou maçãs) • 300 g de açúcar • 2-3 cravos-da-índia • 1 pedacinho de canela em pau • 1 pedaço de casca de limão • 1 colher de sopa de amido • 125 g de creme de leite • 1 colher de sopa de rum • 1 pitada de sal • 3 claras • 1 colher de chá de suco de limão

Um dia de frutas ou de verduras, ou um dia de jejum, faz com que você perca um quilinho "pela via rápida".

Modo de preparar

1 Lave as bagas e retire dos talos. Limpe as frutas, lave, descasque e retire os caroços. Corte em pedaços pequenos. 2 Coloque para ferver cerca de 250 ml de água com 250 g de açúcar e as especiarias. Acrescente as bagas e as frutas e deixe cozinhar até que as bagas estejam quase tenras. 3 Junte o amido com o creme de leite e adicione à musse de bagas fervente para engrossar. Depois de frio, passe pela peneira e acrescente o rum. 4 Leve ao fogo uma vasilha grande com água e sal para ferver. Bata as claras com 50 g de açúcar até ficarem bem firmes e misture o suco de limão. Com 2 colheres de sopa úmidas, forme nhoques grandes, tampe e deixe

cozinhar na água com sal por 2-3 minutos.   5 Coloque a musse de bagas de sabugueiro em pratos fundos. Retire os nhoques da água com uma escumadeira, deixe escorrer ligeiramente e arranje sobre a musse de bagas.

Ca. de 580 kcal, 2420 kJ por porção

Lua Cheia em Sagitário ○ 🏹

Lombo de Veado com Arroz de Maçãs e Estrelas de Mirtilo

Ingredientes

Evite engordurar ou cobrir o lombo de veado com bacon. Isso aumenta o teor de gordura do prato; além disso o assado, no molho, praticamente não seca.

1 kg de lombo de veado desossado • sal • pimenta • 1 colher de sopa de óleo • 4 cebolas pequenas • 250 ml de vinho tinto • 125 ml de caldo (instantâneo) • 4 grãos de zimbro • 1 folha de louro • 1 ramo de tomilho • 1 pedaço de canela em pau • 200 g de arroz de grão longo • 1 colher de chá de cúrcuma • 4 maçãs ácidas médias • 1 colher de chá de ervas picadas • 125 ml de suco de maçã • 3 fatias de bolo de mel • 100 g de creme de leite • 4 colheres de chá de mirtilos (em conserva)

Modo de preparar

1 Aqueça previamente o forno a 180°C.   2 Lave a carne, enxugue, tempere bem com sal e pimenta e frite em óleo bem quente.   3 Descasque e pique as cebolas, acrescente à carne e deixe dourar. Junte o vinho tinto e o caldo. Adicione o zimbro, o louro, o tomilho e a canela. Deixe cozinhar no forno por cerca de 30 minutos.   4 Enquanto isso, cozinhe o arroz em água fervente e sal e junte a cúrcuma. Lave

as maçãs, corte ao meio e retire o centro com as sementes. Esvazie as metades de maçã deixando 1 centímetro de polpa. Corte a polpa retirada em cubinhos, misture com o arroz cozido e escorrido e acrescente as ervas. Recheie as metades de maçã com a mistura de arroz, arranje em uma fôrma, regue com suco de maçã e asse em forno preaquecido por 20 a 25 minutos.   5 Retire o assado do forno e mantenha aquecido. Coe o caldo do assado, esmigalhe 2 fatias de bolo de mel e acrescente. Deixe o molho cozinhar, passe pelo liquidificador, adicione creme de leite para tornar o molho mais requintado e tempere bem.   6 Recorte estrelinhas do restante do bolo de mel. Corte o assado em fatias, arranje nos pratos com as maçãs recheadas de arroz e molho e decore com as estrelinhas de bolo de mel e os mirtilos.

Ca. de 740 kcal, 3100 kJ por porção

Lua Minguante em Sagitário   ☽ ♐

Cozido Indiano de Lentilhas

Ingredientes

2 cebolas • 1 pimentão vermelho • 1 cenoura • 2 colheres de sopa de manteiga • 100 g de lentilhas • 200 g de uma mistura de cereais e arroz • 1 maço de salsinha • 150 g de pêssegos (em conserva) • 40 g de uva-passa • 1 colher de sopa de curry em pó • sal • pimenta

Quando estiver com pressa, utilize as lentilhas vermelhas em lugar das marrons, pois cozinham em apenas 20 minutos.

Modo de preparar

1 Descasque as cebolas e corte em oito; corte o pimentão ao meio, limpe e lave juntamente com a cenoura. Corte as metades de pi-

mentão em tiras; raspe as cenouras e corte em palitos. **2** Aqueça a manteiga e refogue a verdura. Acrescente as lentilhas com 350 mililitros de água e deixe cozinhar de 30 a 40 minutos. **3** Enquanto isso, cozinhe a mistura de arroz e cereais em água e sal por 20 a 25 minutos. **4** Lave a salsinha, sacuda bem para secar, separe algumas folhas para decorar e pique o resto. Escorra os pêssegos, corte em tiras e acrescente às lentilhas cozidas, juntamente com as passas e a salsinha picada. Aqueça tudo junto. **5** Tempere o cozido de lentilhas com curry, sal e pimenta e engrosse um pouco a gosto. Guarneça com a mistura de arroz e cereais e decore com folhas de salsinha.

Ca. de 380 kcal, 1580 kJ por porção

Salada de Brotos de Feijão

Ingredientes

Os brotos frescos, sejam eles comprados ou cultivados em casa, não devem ser consumidos crus. Para saladas e pratos vegetarianos crus em geral, lavar os brotos e abrandar brevemente em água fervente.

250 g de brotos de feijão • 1 cebola roxa • 1 pêra • 1 maço de cebolinha • 150 g de peito de peru defumado • 2 colheres de sopa de vinagre de vinho branco • 2 colheres de sopa de xerez • 4 colheres de sopa de óleo de nozes • sal • pimenta • 1 colher de sopa de sementes de gergelim

Modo de preparar

1 Cozinhe ligeiramente os brotos em água fervente e deixe escorrer bem. **2** Descasque e pique a cebola. Descasque a pêra, retire as sementes e corte em fatias finas. Lave a cebolinha, sacuda bem para secar e corte em rolinhos. **3** Retire a capa de gordura do peito de peru e corte-o em cubinhos. **4** Prepare uma marinada com

Receitas — Cozinhe com a Lua

Uma salada bem-sucedida que satisfaz, com apetitosos brotos de feijão.

vinagre, xerez e óleo e tempere com sal e pimenta. Misture os brotos de feijão, a cebola picada, as fatias de pêra, a cebolinha e os cubinhos de peito de peru e acrescente a marinada.   **5** Enquanto isso, toste ligeiramente as sementes de gergelim em uma frigideira sem gordura e espalhe sobre a salada pouco antes de servir.

Ca. de 220 kcal, 910 kJ por porção

A Lua em Capricórnio

Nos dias de Capricórnio, sirva sobretudo alimentos verdes e/ou ricos em sal — além disso, recomendam-se todos os pratos que possam ser preparados sem muita despesa. Você encontra exemplos de alimentos especialmente apropriados para os dias de Capricórnio na margem à esquerda.

Lua Nova em Capricórnio

Sopa de Salsão Itália

Alimentos para os Dias de Capricórnio
- **Frutas • Verduras**
  Batata
  Nabo
  Raiz-forte
  Pastinaca
  Rabanete
  Rábano
  Salsão
  Nabo

- **Condimentos**
- **Sementes**
  Amendoim
  Alcaparras

Ingredientes

500 g de salsão • 1 cebola • 50 g de toucinho • 2 colheres de sopa de azeite de oliva • 2 colheres de sopa de extrato de tomate • 1 litro de caldo de carne (instantâneo) • sal • pimenta • 120 g de arroz • 4 colheres de sopa de parmesão ralado

Modo de preparar

1 Limpe o salsão, lave e corte em fatias de 1 cm de largura. Descasque e pique a cebola; corte o toucinho em cubinhos.   **2** Aqueça o azeite de oliva em uma panela para sopa e nele refogue os cubinhos de cebola e de toucinho. Junte o extrato de tomate e então acrescente o salsão e refogue por 5 minutos.   **3** Adicione o caldo de carne e deixe a sopa cozinhar por 15 minutos.   **4** Tempere com sal e pimenta e acrescente o arroz. Deixe cozinhar por mais 20 minutos, até que o arroz esteja macio. Antes de servir, salpique com queijo parmesão ralado.

Ca. de 350 kcal, 1470 kJ por porção

Cebolas Espanholas Recheadas

Ingredientes

250 g de arroz de grão longo • sal • 4 cebolas grandes • 400 g de carne de porco magra • 3 colheres de sopa de azeite de oliva • 1 pimentão verde e 1 vermelho • 1 tomate • 10 azeitonas verdes • 10 azeitonas pretas • pimenta • páprica em pó • 125 ml de caldo de carne (instantâneo) • agrião

Modo de preparar

1 Aqueça o forno previamente a 180°C. Cozinhe o arroz em água fervente e sal por cerca de 20 minutos; ponha para escorrer. 2 Enquanto isso, descasque as cebolas, corte uma tampa e esvazie as cebolas de tal maneira que restem 2 ou 3 camadas. Pique bem fino o miolo das cebolas. Corte a carne em cubos e refogue em óleo quente, juntamente com a cebola. 3 Corte os pimentões ao meio e retire as sementes. Lave-os junto com o tomate; corte o pimentão em tiras, o tomate em cubos e coloque tudo na panela junto com as azeitonas. Acrescente o arroz cozido, misture, tempere e abafe por 5 minutos. 4 Recheie as cebolas esvaziadas com a mistura. Coloque o restante em uma fôrma e arranje sobre ela as cebolas. Acrescente o caldo e leve as cebolas para assar no forno por cerca de 30 minutos. 5 Sirva com agrião.

Ca. de 560 kcal, 2330 kJ por porção

As cebolas de tamanho grande têm sabor mais suave que suas irmãs pequenas. Ao serem cozidas, ambas adquirem um leve sabor adocicado.

Lua Crescente em Capricórnio

Salada de Arroz e Rábano Picante

Ingredientes

125 g de arroz de cozimento rápido • sal • 1 rábano (ca. de 250 g) • 1 maço de rabanetes • 200 g de lingüiça • 3 colheres de sopa de vinagre de limão • 6 colheres de sopa de óleo de mesa • 1 colher de sopa de mostarda com grãos • 2 colheres de sopa de raiz-forte ralada (em conserva) • pimenta • 1 maço de cebolinha • 1 colher de sopa de sementes de abóbora

> Utilize a panela de pressão com freqüência, pois nela você pode preparar verduras e sobretudo batatas, economizando tempo e vitaminas.

Modo de preparar

1 Cozinhe o arroz em água fervente e sal por cerca de 10 minutos; escorra e deixe esfriar.   **2** Enquanto isso, limpe e lave o rábano e os rabanetes; descasque o rábano. Corte ambos em fatias. Tire a pele da lingüiça, corte em quatro no sentido longitudinal e então corte em cubos.   **3** Para o molho, misturar vinagre, óleo, mostarda e raiz-forte; tempere com sal e pimenta.   **4** Lave a cebolinha, corte em rolinhos e espalhe sobre a salada juntamente com as sementes de abóbora e deixe curtir por cerca de 30 minutos.

Ca. de 430 kcal, 1810 kJ por porção

Couve-Flor Recheada

Ingredientes

1 couve-flor grande • 1 maço de salsinha lisa • 300 g de carne moída • pimenta • sal • 1 ovo • 750 g de tomates • 2 dentes de alho

Receitas — Cozinhe com a Lua

Um autêntico prazer para os olhos: couve-flor fatiada sobre uma camada de tomates.

Modo de preparar

1 Aqueça previamente o forno a 200°C.   **2** Limpe a couve-flor, lave-a e cozinhe-a inteira na panela de pressão por 2 a 4 minutos. **3** Lave a salsinha, sacuda bem para secar e pique miúdo. Tempere bem a carne moída. Junte o ovo e a salsinha. Recheie a couve-flor com a massa de carne pela parte de baixo.   **4** Lave os tomates e corte em oito. Descasque e esmague o alho.   **5** Arranje os tomates e o alho em uma fôrma, tempere com sal e pimenta. Encaixe a couve-flor sobre os tomates, tampe e leve para assar por 30 a 40 minutos.

Ca. de 200 kcal, 845 kJ por porção

Lua Cheia em Capricórnio

Coquetel de Salsão e Pimentão

Ingredientes para 2 porções

100 g de salsão • 1 pimentão vermelho • suco de 1 limão • 500 ml de leite desnatado • 2 colheres de chá de molho de chili • sal

Modo de preparar

Limpe e lave o salsão e o pimentão. Separe algumas folhas de salsão e reserve. Bata todos os ingredientes no liquidificador e tempere com os condimentos indicados. Sirva em copos altos e decore com folhas de salsão.

Ca. de 200 kcal, 825 kJ por porção

Panquecas Recheadas

Ingredientes

500 g de farinha integral • 4 ovos • cerca de 250 ml de água mineral • cerca de 250 ml de leite desnatado • 2 colheres de sopa de manteiga • 1 pitada de sal • 1 kg de espinafre • 2 cebolas • 4 tomates • 1 bola de mussarela de búfala (150 g) • 1 colher de chá de óleo

> Como estímulo visual, corte as panquecas ao meio, na diagonal, e arranje-as na fôrma de modo que a superfície do corte fique ligeiramente voltada para cima.

Modo de preparar

1 Aqueça previamente o forno a 200°C. 2 Prepare a massa de panqueca com a farinha, os ovos, a água e o leite. 3 Frite as panquecas em um pouco de manteiga. 4 Escolha o espinafre, lave, afervente em água e sal e deixe escorrer bem. Descasque e pique as

Receitas — Cozinhe com a Lua

cebolas. Lave e pique os tomates. Corte a mussarela em cubinhos. Refogue a cebola em uma panela até ficar transparente, acrescente o tomate picado e aqueça. Acrescente o espinafre, bem como metade da mussarela.   5 Enrole as panquecas com o recheio de espinafre e arranje em camadas em uma fôrma untada com óleo. Espalhe o restante da mussarela sobre as panquecas e leve ao forno por cerca de 15 minutos.

Ca. de 700 kcal, 2950 kJ por porção

Lua Minguante em Capricórnio 　☽ 🐐

Ponche de Cerveja e Ovos

Ingredientes para 1 porção

2 gemas de ovo muito frescas • 250 ml de cerveja clara • 50 ml de arak • 2 colheres de sopa de açúcar • 1 pitada de canela em pó

Modo de preparar

Bata as gemas com um pouco de cerveja e o arak até ficarem espumosas. Leve o açúcar, a canela e o restante da cerveja ao fogo (não deixe cozinhar!); misture bem às gemas e sirva quente.

Dica O mais gostoso é tomar este ponche no inverno ou quando um resfriado ameaça se fazer presente.

Ca. de 470 kcal, 1970 kJ por porção

Salmão Frito em Marinada Picante de Gengibre

Ingredientes

1 pedaço de raiz de gengibre • 1 dente de alho • 1/2 maço de coentro • 1 pimenta chili vermelha • 6 grãos de anis-estrelado • 2 colheres de sopa de molho de soja • 4 colheres de sopa de vermute • 500 g de filé de salmão • 1 pitada de anis moído • 1 colher de sopa de óleo

> Você pode preparar outros peixes com a marinada de gengibre. Os mais indicados são os de carne branca e firme.

Modo de preparar

1 Descasque o gengibre e o alho e corte em fatias finas. Lave o coentro, sacuda bem para secar e pique miúdo. Lave o chili, retire as sementes e corte em tiras; esmague os grãos de anis. 2 Preparar uma marinada misturando esses ingredientes com o molho de soja e o vermute numa travessa. 3 Lave os filés de salmão, enxugue e coloque na marinada; eles devem ficar totalmente cobertos. Deixe descansar por pelo menos 2 horas. 4 Retire o peixe, enxugue com papel-toalha e polvilhe com o anis moído. Aqueça o óleo em uma frigideira de ferro fundido e frite o salmão dos dois lados por cerca de 6 minutos.

Ca. de 215 kcal, 890 kJ por porção

Sopa de Cebola Gratinada

Ingredientes

3 cebolas grandes • 4 colheres de sopa de manteiga • 1 colher de sopa de farinha • sal • pimenta • 2 fatias de pão branco • 125 ml de vinho branco • 50 g de Greyerzer ralado

> A sopa de cebola é uma famosa especialidade de muitos bistrôs parisienses. A receita original é preparada com caldo de peixe e uma dose pequena de conhaque.

Modo de preparar

1 Descasque as cebolas, corte em anéis finos e doure em 2 colheres de manteiga. 2 Polvilhe a farinha sobre a cebola, deixe tostar um pouco e acrescente aos poucos 750 ml de água. Tempere com sal e pimenta e deixe cozinhar em fogo médio por cerca de 30 mi-

Receitas — Cozinhe com a Lua

O salmão fica excepcional com a marinada picante oriental.

nutos.   **3** Corte as fatias de pão ao meio e toste dos dois lados no restante da manteiga.   **4** Acenda a chama superior do forno em fogo alto (ou o grill).   **5** Junte o vinho branco à sopa e então distribua a sopa em tigelas refratárias individuais. Arranje as fatias de pão sobre a sopa e polvilhe com queijo. Leve para gratinar no forno por cinco a dez minutos, até o queijo ficar dourado escuro.

Ca. de 255 kcal, 1065 kJ por porção

A Lua em Aquário

Alimentos para os Dias de Aquário
- **Frutas • Verduras**
  Alcachofra
  Abacate
  Brócolis
  Azeitonas

- **Carnes • Peixes**
  Enguia
  Salmão
  Atum

- **Temperos**
- **Sementes**
  Coco
  Amêndoas

- **Outros**
  Café
  Leite de coco
  Azeite de oliva

Nos dias de Aquário, sirva sobretudo alimentos ricos em gordura e óleo, ou pratos que são preparados com gordura ou óleo. Além disso, nessa fase o organismo suporta especialmente bem todos os prazeres extravagantes e exóticos. Você encontra exemplos de alimentos especialmente apropriados para os dias de Aquário na margem à esquerda.

Lua Nova em Aquário ●

Drinque de Iogurte e Coco

Ingredientes

80 ml de licor de coco • 2 colheres de sopa de coco ralado • 200 g de iogurte desnatado • 200 ml de suco de abacaxi • 80 ml de rum branco • 4 claras • cubos de gelo

Modo de preparar

Molhe a borda de 4 copos em licor de coco, e então mergulhe-as no coco ralado. Bata bem no liquidificador o restante do licor de coco e todos os demais ingredientes e sirva nos copos com as bordas decoradas.

Ca. de 180 kcal, 750 kJ por porção

Coxas de Pato com Molho de Ameixas e Lichia

Ingredientes

4 coxas de pato • sal • pimenta • 1 colher de sopa de óleo de mesa

• 200 ml de vinho de ameixas • 300 ml de caldo (instantâneo)

• 250 g de arroz misto (de grão longo, selvagem e tailandês)

• 1 maço de cebolinhas • 100 g de ameixas secas • 100 g de lichia
(em conserva) • Amido

Modo de preparar

1 Aqueça previamente o forno a 180°C. **2** Lave as coxas de pato, enxugue e tempere com sal e pimenta. Aqueça o óleo em uma panela e nele frite dos dois lados as coxas de pato. Adicione o vinho de ameixas e metade do caldo e leve ao forno por cerca de 50 minutos. **3** Enquanto isso, cozinhe a mistura de arroz em água fervente e sal por cerca de 20 minutos. Limpe a cebolinha, lave, corte em pedaços médios e cozinhe em água e sal por cerca de 5 minutos. **4** Retire as coxas de pato e mantenha-as aquecidas. Transfira o caldo do assado para uma panela, retire a gordura, acrescente o restante do caldo e tempere com um pouco de vinho de ameixas. **5** Corte as ameixas em cubos, escorra as lichias e aqueça ambas no molho. Tempere e adicione um pouco de amido para espessar. Arranje nos pratos o arroz com as coxas de pato, o molho e a cebolinha.

Ca. de 650 kcal, 2720 kJ por porção

Lua Crescente em Aquário

Drinque Misto de Abacate

Ingredientes

1/2 abacate • 1 maçã • 3 pedacinhos de gengibre em conserva • 500 ml de suco de laranja • 500 ml de suco de pêra • 1 colher de chá de suco de limão

Modo de preparar

Descasque o abacate e a maçã, retire os caroços e pique miúdo. Bata com o restante dos ingredientes no liquidificador e distribua por quatro copos. Sirva gelado.

Ca. de 195 kcal, 810 kJ por porção

Borrife imediatamente com suco de limão os abacates cortados ou descascados, caso contrário eles rapidamente escurecem e adquirem uma coloração marrom.

Salada de Repolho Roxo e Castanhas com Molho de Batatas

Ingredientes

400 g de batatas • 300 g de castanhas • 1 cabeça pequena de repolho roxo (ca. de 750 g) • 2 maçãs • suco de 1/2 limão • 1 maço de agrião • 125 ml de caldo de carne (instantâneo) • 4 colheres de sopa de óleo de colza • 2-3 colheres de sopa de vinagre de vinho branco • sal • pimenta • 1 pitada de açúcar

Modo de preparar

1 Lave as batatas, cozinhe por 20 minutos e retire a pele. Esmague dois terços delas, e o restante corte em cubinhos. Risque as castanhas em cruz e cozinhe em água fervente por 20 minutos. Escorra e solte das cascas.   **2** Limpe o repolho roxo, lave e corte em quatro. Retire o talo e alise bem os quartos.   **3** Lave as maçãs, corte-as ao meio, retire as sementes, corte em fatias finas e borrife com suco de limão. Limpe o agrião, lave e sacuda bem para secar. **4** Para o molho de batatas, misture as batatas esmagadas com o caldo, o óleo, o vinagre, sal, pimenta e açúcar.   **5** Arranje o repolho roxo, a maçã, o agrião, as castanhas e os cubinhos de batata nos pratos e acrescente o molho.

Ca. de 380 kcal, 1600 kJ por porção

Naturalmente, as castanhas ficam especialmente saborosas quando são previamente tostadas no forno. Para isso, risque as castanhas em cruz, espalhe-as em uma fôrma de alumínio e asse por cerca de 35 minutos em forno preaquecido a 220°C, virando uma vez.

Lua Cheia em Aquário

Café Gelado Havaí

Ingredientes

500 ml de café forte frio • 500 ml de suco de abacaxi • 4 colheres de sopa de sorvete de capuccino • folhas de menta frescas

Modo de preparar

Coloque no liquidificador o café, o suco de abacaxi e o sorvete de capuccino e bata até ficar cremoso. Distribua o café gelado em copos e guarneça com as folhinhas de menta. Deixe à mão colheres de cabo longo e canudinhos.

Ca. de 110 kcal, 450 kJ por porção

Alcachofras ao Vinagrete

Ingredientes

8 alcachofras novas • 1 limão • sal • 1 colher de chá de mostarda • 2 colheres de sopa de vinagre • pimenta • 4 colheres de sopa de óleo • 1 ovo cozido duro • 1 cebola pequena • 1/2 maço de salsinha

Modo de preparar

As alcachofras combinam também com outros molhos, por exemplo uma maionese de alho feita em casa ou um molho de ervas à base de creme de leite fresco.

1 Lave as alcachofras, corte os pecíolos e apare cerca de um terço das pontas das folhas. 2 Lave o limão, enxugue e corte ao meio. Esprema uma das metades e corte a outra em fatias. 3 Borrife suco de limão sobre as alcachofras. 4 Coloque para ferver em bastante água e sal e fatias de limão, e cozinhe as alcachofras por cerca de 30 minutos, ou até que estejam tenras (as alcachofras estão cozidas quando as folhas inferiores se soltam com facilidade). 5 Enquanto isso, para o vinagrete, bata com a escumadeira a mostarda com o vinagre, o óleo, sal e pimenta. Descasque o ovo e a cebola e lave a salsinha. Pique tudo bem miúdo e misture com o molho. 6 Retire as alcachofras da água e deixe escorrer bem. Sirva o vinagrete em pequenas tigelas acompanhando as alcachofras.

Dica À mesa, comem-se as alcachofras retirando as folhas com as mãos, uma a uma, começando por baixo. A parte carnosa na base da folha é mergulhada no molho e então chupada. O feno sobre a base deve ser retirado e o fundo das alcachofras pode então ser comido com garfo, faca e um pouco de molho.

Ca. de 210 kcal, 875 kJ por porção

Receitas — Cozinhe com a Lua

Para comer com os dedos: alcachofras com uma marinada de azeite e vinagre bem condimentada.

Lua Minguante em Aquário ☽ 🍴

Brócolis com Molho de Queijo Fresco

Ingredientes

600 g de batatas • 1,2 kg de brócolis • sal marinho • 200 g de queijo fresco • 100 ml de leite desnatado • noz-moscada • suco de limão • 125 g de presunto cozido magro

Modo de preparar

1 Lave as batatas, descasque, corte ao meio e cozinhe em água e sal.   **2** Limpe os brócolis, corte em buquês e leve para cozinhar em separado em água e sal.   **3** Junte o queijo fresco e o leite em uma panela pequena e aqueça até ficar cremoso. Tempere com noz-moscada e suco de limão. Corte o presunto em tiras finas, acres-

Há queijos frescos com diferentes teores de gordura. Dê preferência aos tipos mais magros. Para este molho, você pode também utilizar uma preparação de queijo fresco, por exemplo com ervas ou raiz-forte.

117

cente ao molho e deixe cozinhar ligeiramente. 4 Retire os bró-colis da água, deixe escorrer e regue com o molho. 5 Esprema as batatas escorridas e sirva com os brócolis.

Ca. de 400 kcal, 1690 kJ por porção

Banana de Coco Frita

Ingredientes

250 g de arroz Basmati • sal • 4 bananas maduras • 2 ovos • 6 colheres de sopa de coco ralado • 1 pimentão verde • 2 fatias de abacaxi fresco • 6 damascos secos • 1 colher de sopa de óleo de cozinha • 3 colheres de sopa de manteiga • 1 colher de chá de curry em pó • sal • pimenta-de-caiena

Modo de preparar

1 Cozinhe o arroz em água e sal seguindo as indicações da emba-lagem. 2 Enquanto isso, descasque as bananas; bata os ovos e coloque o coco ralado em um prato de sopa. Passe as bananas pri-meiro no ovo, e então no coco ralado, repetindo a operação. 3 Corte o pimentão ao meio, retire as sementes, lave e, juntamente com o abacaxi e os damascos, corte tudo em tiras finas e refogue em óleo aquecido. 4 Frite as bananas por igual em manteiga der-retida, até ficarem douradas. Acrescente o arroz bem escorrido às frutas e pimentão refogados, tempere com curry em pó, sal e pi-menta-de-caiena e deixe cozinhar em fogo baixo por cerca de 5 mi-nutos. 5 Arranje as bananas fritas em pratos individuais e guar-neça com o arroz de frutas.

Ca. de 550 kcal, 2300 kJ por porção

Ao comer bananas você está fazendo um bem a si mesmo: elas contêm grandes doses de potássio, vitamina B, vitamina A e serotonina, "que tornam as pessoas felizes".

Receitas — Cozinhe com a Lua

As bananas "empanadas" em coco com o arroz de frutas servem como um pequeno prato principal doce e para a sobremesa.

Drinque Caribenho

Ingredientes para 2 porções

40 ml de suco de lima (ou suco de limão) • 60 ml de rum branco • 60 ml de creme de coco (pode ser encontrado em conserva) • 40 ml de Curaçao Blue • gelo picado • fatias de manga fresca e folhas de menta para decorar

Modo de preparar

Misture bem todos os ingredientes — menos o gelo — em uma coqueteleira. Coloque gelo picado até a metade de dois copos altos e acrescente o coquetel. Sirva com fatias de manga e folhas de menta.

Ca. de 210 kcal, 880 kJ por porção

A Lua em Peixes

Nos dias de Peixes, sirva sobretudo alimentos ricos em carboidratos e/ou que contenham muita água; recomendam-se também os cogumelos. Você encontra exemplos de alimentos especialmente apropriados para os dias de Peixes nas margens à esquerda e à direita.

Lua Nova em Peixes

Nhoques com Cogumelos e Mussarela

Ingredientes

800 g de batatas • sal • 300 g de farinha • 1 ovo • 1 cebola • 1 dente de alho • 300 g de cogumelos • 20 g de manteiga • pimenta • 125 g de creme de leite • 8 tomates-cereja • 250 g de mussarela • 1/2 maço de manjericão

Alimentos para os
Dias de Peixes
• Frutas • Verduras
*Banana
Cogumelos frescos
Champignons
Alface "iceberg"
Alface
Couve
Acelga
Míscaro (um tipo
de cogumelo)
Arroz*

• Carnes • Peixes
*Alga
Arenque*

Modo de preparar

1 Descasque as batatas, cozinhe em água e sal, escorra e esprema ainda quente.   2 Transfira a massa de batatas para uma superfície de trabalho e acrescente a farinha, o ovo, sal e pimenta. Amasse tudo até obter uma massa macia mas consistente e deixe descansar por 1 hora em um lugar fresco. Caso a massa esteja mole demais, junte mais um pouco de farinha.   3 Enquanto isso, aqueça previamente o forno a 200°C.   4 Descasque a cebola e o alho e pique bem. Limpe os cogumelos e corte em fatias. Aqueça a manteiga e nela refogue a cebola e o alho. Acrescente os cogumelos,

tempere com sal e pimenta e adicione o creme de leite. Deixe levantar fervura uma vez, e então reserve.   **5** Forme um rolo da grossura de um polegar com a massa de batatas e corte pedaços de cerca de 3 cm de comprimento, dando-lhes a forma arredondada e pressionando na diagonal contra os dentes de um garfo. Leve os nhoques para cozinhar em água fervente e sal por cerca de 7 minutos, retire com a escumadeira e deixe escorrer bem.   **6** Transfira os nhoques para uma fôrma refratária e acrescente a mistura de cogumelos e cebola. Lave os tomates-cereja, corte ao meio e distribua por cima dos nhoques juntamente com a mussarela cortada em fatias. Leve para assar no forno por cerca de 20 minutos; espalhe folhas de manjericão bem picadas por cima e sirva em seguida. O aroma das batatas e cogumelos agradará também a seus convidados.

Ca. de 720 kcal, 3010 kJ por porção

Alimentos para os Dias de Peixes
• **Temperos** • **Sementes**
Artemísia
Fermento
Painço

• **Outros**
Conhaque
Champanhe
Sucos de verduras
Chá verde
Vinho de mel
Vinho de arroz
Vinho branco

Lua Crescente em Peixes

Sopa de Mariscos

Ingredientes

2 kg de vênus (marisco) • 1 colher de chá de azeite de oliva • 1 cebola • 4 dentes de alho • 375 ml de vinho branco seco • 5 talos de salsão • 200 g de cenouras • 1 colher de sopa de cúrcuma • pimenta • sal • suco de 1 limão

Modo de preparar

1 Lave bem os mariscos sob água corrente e escove, descartando os que estiverem abertos.   **2** Descasque a cebola e o alho e corte em fatias finas. Aqueça o azeite em uma panela grande e nele refogue a cebola até ficar transparente; em seguida junte o alho. 3 Acrescente os mariscos e regue com o vinho. Tampe e deixe cozinhar de 6 a 8 minutos. 4 Enquanto isso, limpe e lave o salsão, raspe as cenouras e corte ambos em fatias finas. Reserve. 5 Retire os mariscos com uma escumadeira grande e solte-os das cascas. Descarte os que não se abriram ao cozinhar. Coe o caldo em uma panela menor. Tempere com pimenta, cúrcuma e sal. 6 Adicione as verduras preparadas ao caldo de mariscos, tampe e deixe cozinhar por 5 minutos. Acrescente os mariscos, tempere com uma boa quantidade de suco de limão e torne a aquecer. Sirva com baguete integral fresca.

Dica Mexilhões negros também podem ser usados para esta sopa em lugar dos mariscos.

Ca. de 375 kcal, 1570 kJ por porção

Salada de Painço

Ingredientes

200 g de painço • 800 ml de caldo de legumes (instantâneo) • 2 cebolas • 2 dentes de alho • 200 g de ervilhas congeladas • 200 g de tomates-cereja • 3 colheres de sopa de vinagre de vinho tinto • 1 colher de chá de mel de acácias • 1/2 colher de café de raiz-forte ralada • pimenta • sal • raspas da casca de 1/2 limão orgânico • 1 maço de salsinha lisa • 200 g de milho em conserva • algumas folhas de alface

Modo de preparar

1 Leve o caldo de legumes com o painço ao fogo, deixando levantar fervura uma vez; apague o fogo e deixe descansar por 20 minutos.   2 Enquanto isso, descasque as cebolas e corte em anéis. Descasque o alho e corte em fatias finas. Aqueça uma frigideira e refogue o alho e a cebola até que estejam transparentes. Acrescente as ervilhas e cozinhe de acordo com as indicações da embalagem.   3 Lave os tomates-cereja e corte ao meio.   4 Misture o vinagre com o mel, a raiz-forte, pimenta, sal e as raspas de limão. Lave a salsinha, sacuda bem para secar, pique e acrescente ao molho.   5 Misture o molho com o painço, os tomates, as ervilhas e o milho escorrido e tempere. Deixe curtir por 1 hora e sirva sobre folhas de alface lavadas.

Ca. de 300 kcal, 1250 kJ por porção

Você também pode preparar esta salada com a mesma quantidade de trigo parbolizado ou cuscuz.

Lua Cheia em Peixes

Coquetel de Vinho de Arroz e Abacaxi

Ingredientes para 1 porção

120 ml de vinho de arroz japonês (saquê) • *20 ml de gim* • *60 ml de suco de abacaxi* • *gelo picado*

Modo de preparar

Misture todos os ingredientes em uma coqueteleira e sirva em um copo alto com muito gelo picado.

Ca. de 165 kcal, 690 kJ por porção

Salada de Champignons

Ingredientes

1 pé de chicória • 250 g de champignons • 2 colheres de sopa de suco de limão • 2 tomates • 1/2 pepino • 2 talos de salsão • 1/2 abacate • 1 pimentão verde • 1 cebola • 2 colheres de sopa de vinagre balsâmico • pimenta • 3 colheres de sopa de iogurte desnatado

Um molho de purê de verduras e iogurte é ótimo acompanhamento também para batatas assadas, bolinhos de batata ou pratos crus.

Modo de preparar

1 Retire os talos da chicória, lave as folhas e deixe escorrer bem. 2 Limpe os champignons, afervente rapidamente e corte em fatias regulares, por exemplo com um cortador de ovos. Borrife imediatamente com suco de limão, para que não escureçam. 3 Lave os tomates e corte em crescentes finos. Lave bem o pepino ou descasque e corte em cubinhos bem pequenos. 4 Para o molho, limpe e lave o salsão; descasque e retire o caroço do abacate. Lave o pimentão e retire as sementes; descasque a cebola. Pique a verdura grosseiramente e vá colocando aos poucos no liquidificador juntamente com o iogurte, batendo até obter um molho espesso e homogêneo. 5 Arranje os ingredientes da salada em uma saladeira, regue com o molho e sirva imediatamente.

Dica Esta salada é uma boa opção para um piquenique de verão e para um bufê frio.

Ca. de 125 kcal, 530 kJ por porção

Receitas — Cozinhe com a Lua

Lua Minguante em Peixes ☽

Salada Colorida

Ingredientes

1 pé de alface • 1 maço de agrião • 2 tomates • 1/2 pepino • 100 g de brotos de feijão (em conserva) • 2 colheres de sopa de suco de maçã não adoçado • 5 colheres de sopa de vinagre de maçã • 2 colheres de sopa de óleo de colza • 1 colher de chá de mostarda meio picante • 1 colher de sopa de mel de acácia • pimenta • sal

Modo de preparar

1 Limpe a alface, lave e pique com as mãos; corte o agrião com uma tesoura, lave e deixe escorrer bem.   **2** Lave os tomates e corte em fatias. Lave o pepino, descasque, corte no sentido do comprimento e depois em fatias.   **3** Passe os brotos por água fria e deixe escorrer em uma peneira.   **4** Para o molho da salada, bata bem com um batedor de claras o suco de maçã, o vinagre de maçã, o óleo, a mostarda, o mel, pimenta e sal.   **5** Arranje os ingredientes da salada em uma saladeira, acrescente o molho, misture e sirva em seguida.

Ca. de 90 kcal, 370 kJ por porção

Cozido Russo de Repolho

Ingredientes

3 cebolas pequenas • 300 g de beterraba • 80 g de carne bovina magra • 200 g de repolho • 2 colheres de sopa de margarina • 750 ml de caldo de legumes (instantâneo) • sal • pimenta • noz-moscada • 1 colher de chá de sementes de cominho • 125 g de arroz integral • 4 colheres de chá de creme de leite azedo • 1 maço de cebolinha

Hoje em dia compram-se as beterrabas já descascadas, pré-cozidas e congeladas. Isso evita manchar as mãos e economiza tempo.

Modo de preparar

1 Descasque as cebolas e as beterrabas e corte em cubos. Lave a carne, enxugue e corte em pedaços pequenos. Limpe e aplaine o repolho. 2 Aqueça a margarina e nela refogue a cebola. Acrescente a carne, a beterraba e o repolho, deixe refogar ligeiramente; junte o caldo, acrescente as ervas e deixe tudo cozinhar por 30 minutos. 3 Acrescente o arroz integral e deixe cozinhar por outros 30 minutos. 4 Lave a cebolinha, sacuda bem para secar e corte em rolinhos. Antes de servir, junte o creme de leite, tempere o cozido uma vez mais com os condimentos indicados e salpique com a cebolinha. Acompanha pão preto com manteiga e uma cerveja gelada.

Ca. de 250 kcal, 1035 kJ por porção